ザビエル

夫婦道

fuufudo

がんばらない幸せ

―夫婦関係改善マニュアル　夫編＆妻編―

SIBAA BOOKS《シバブックス》

夫婦道
がんばらない幸せ

—夫婦関係改善マニュアル　夫編&妻編—

目次

第 1 部

夫婦関係崩壊のパターン

夫婦関係はこうして壊れる

結婚式のあの日、家族や友人たちに祝ってもらい、あなたもこんな誓いをしたと思います。

「健やかなるときも、病めるときも、喜びのときも、悲しみのときも、富めるときも、貧しいときも、これを愛し、これを敬い、これを慰め、これを助け、その命ある限り、真心を尽くすことを誓いますか？」

しかし、あの結婚式の鐘が試合開始のゴングとなり、喧嘩の日々が始まる。そして、少しずつ会話がなくなったり、相手に対して嫌悪感を抱いたり、結婚に絶望したり、相手の言いなりになりがまんする日々に……。

そんな毎日に疲弊した２人はそのまま離婚するか、片方が浮気や不倫に走り、さらに大きな喧嘩に発展。もしくは、モラハラやＤＶ、別居などに発展し、結局は仮面夫婦のまま、夫婦関係を終えるか、離婚するかの結末に。

どうして、こんなことになってしまったのか？

まずここでは、結婚してからどのように2人の関係が進んで、離婚に発展するのかをまとめていきます。

これが、まさに夫婦関係崩壊の縮図（始まりから終わり）と言っても過言ではありません。今自分の夫婦関係がどの状態にいるのか？　を見極めてみてください。

夫婦関係が壊れるまでに通る3つの時代

夫婦において関係が壊れていくと、浮気、不倫、家庭内別居、別居、離婚などいろいろな問題が起きます。そして、ほとんどの方がこの問題が、いきなり降って湧いたものだと思っています。

ですが、実はいきなり降って湧いたものではなく、少しずつですが着実に関係を壊していくことで起こることなんです。しかも、それぞれに前兆があり、パートナーからのサインがたくさん出ています。そのサインに気付かないからこそ、問題が表面化するわけです。

どのように関係が壊れていき、問題が生じるのでしょうか。

夫婦関係が壊れるまでには、3つの時代を通ります。3つの時代とは、1．光の時代　2．灰色の時代　3．暗黒の時代。関係が壊れるにつれて、だんだんと状況は悪くなっていきます。すなわち、光から暗黒へと進んでいくわけです。
そして、時代によって、起こるイベントが変わってきます。それでは、時代とその時代ごとに起こるイベントについて説明していきます。

１．光の時代
相手のことが眩しく映ります。会話が普通にでき、ボディタッチも自然とできる。一緒にいることに喜びを感じ、笑顔で接することができます。また、自分と相手の『違い』が魅力的に見える時代でもあります。

起こりうるイベント
〔喧嘩の乱（軽度）〕
もう、少しぐらい手伝ってよ（ぷんぷん的な）という感じで、感情的な怒りではない。喧嘩の後は相手を気遣い、反省もする。

２．灰色の時代
相手に対して、要求が多くなったり、自分の主張をぶつけるようになります。この頃から、喧嘩が多くなったり、一緒に寝なくなったり、話さない期間が増えたりする。また、自分と相手の『違い』

が気になり指摘したり、それを変えようと求める時代でもあります。

起こりうるイベント

〔喧嘩の乱（中度）〕

夫婦喧嘩が多くなり、質も若干変わる。もっと自分をわかってほしい、自分ばかりがんばっているということを訴え、感情的になって怒る。ただし、まだ歯止めは効いているため、感情的になったとしても言葉を選んだり、相手を気遣った言葉が出る。

喧嘩の後に反省する時もあるが、基本的には「少し言い過ぎたけど自分は間違ってない」とか「もしかして（相手は自分のことを）もう嫌いになったのかな」なんてことを思い込む。

3．暗黒の時代

相手に対して、嫌悪感が募る。やることなすこと、嫌な部分しか目に入らない。何かを手伝ったり、気遣ったりされても、素直に受け取れない。相手を自分の敵とみなす。一緒にいることにストレスを感じる。それと同時に、相手に関心が薄れていき、興味がなくなる。

起こりうるイベント

〔喧嘩の乱（重度）〕

夫婦喧嘩の質が大きく変わる。感情的になり、言いたいことを言う。相手が傷付こうが、汚い言葉だろうが関係ない。抑えがきかない。または何も言わない。興味がない。無視。

〔かえ乱（家に帰りたくない）〕

出張や仕事が忙しい、飲み会などを理由にして家に帰ってきません。家に帰っても居場所がないから苦しい。家よりも外にいる時間の方が長くなる。

〔ＤＶの乱〕

喧嘩がエスカレートして、感情が爆発した際に、歯止めがきかなくなり、暴力に発展する。相手は暴力を振るいたいわけではないが、感情が抑えられない。

〔不倫の乱〕

家に帰りたくない（居場所がない、居心地が悪い）という理由から、自分を認めてくれる人、居場所を用意してくれる人に魅力を感じ、不倫関係になってしまう。元々、望んでいたわけではなく（人によるが）、自分を満たしてくれる人を好きになってしまう。

〔別居の乱〕

一緒にいたくない、いることに苦痛を感じる。自分を責めて、これ以上辛くなりたくないという理由であったり、相手に対する嫌悪感から逃れたいと思い、別居に発展する。

〔離婚の乱〕

別居とほぼ同じ理由。夫婦という関係性すら嫌な状態。その役割（妻、夫、母、父）を担いたくない。早く抜け出したいという思いから離婚に発展する。

〔無関心の乱〕

いろいろな乱とセットになる可能性がある。この無関心の乱が起きたときは、もう電話にも出ない、行先もわからない（行先がわかっても会ってもらえない）、メールも返事がない（業務連絡のみ）という状態に近くなる。これは、存在が赤の他人以下、または生理的に受け付けない相手として認識されている可能性が高い。

このように、夫婦関係は時代が光→灰→暗黒と進行し、いろいろなイベントが起きます。

今一度、自分の状態と見比べてみてください。

なぜ夫婦関係は壊れてしまうのか

夫婦関係が壊れる理由……。これは何が原因かわかりますか？

妻が悪いからだ！　夫がおかしいからだ！　とか、自分が間違っているから……という声が聞こえてきそうですが、全然違います。そうではなく、単なるコミュニケーションの不和です。

ただし「では、言い方とか伝え方なの？」と言われると、そうでもありません。コミュニケーションとは、言語だけでなく、態度や表情、行動や声のトーンなど、いろいろなところに表れます。そして、その言語、態度、表情、行動、声のトーンなどは、何を持って表れるのかというと、〝感情〟です。感情が何を感じているのかによって、表に出るものが変わってきます。

嬉しいときや楽しいときに言う、「ありがとう」と、イヤイヤ言う「ありがとう」。同じ「ありがとう」でも、確実に相手に伝わるものが変わります。

また、「助けてほしい」という思いも、言葉に出すと「何でわからないんだ！」とか「どうしてわかろうとしてくれないの！」なんてものが、口から出てしまう。これも相手からすると、全く違う伝わり方になります。一方は同じ立ち位置ですが、もう一方は向かい合う立ち位置です。これが夫婦喧嘩のほぼすべての原因と言っても過言ではありません。

もう少し言葉を変えると……。同じ目的を目指す、人生のパートナーのはずなのに、味方同士ではなく、敵同士になっているわけです。それではよい関係なんて構築できませんよね。

敵同士になった瞬間、いかに自分ががんばっているか、いかに相手がおかしく、いかに自分が正しいのかを、お互いが一生懸命ぶつけるようになります。その結果、お互いがメッタメタにやられ、心身ともに疲れ果ててしまうのです。

夫婦関係の結末

夫婦関係の終わりは〝離婚〟だと思っている人が多いですが、それは違います。別れ方にもよりますが、離婚はまだ復縁の可能性があります。夫婦の終わりは、関係の終わりのことを言います。関係の終わりとは、知り合い以下、もう無関心な相手になることです。

怒りがあるうちはまだましです。情もわかないし、会いたいとも話したいとも、どこにいるのかも気にならない。これが夫婦の本当の終わりです。ですが、大半の人は離婚が夫婦の終わりだと思っているので、離婚を阻止しようとします。しかし、残念ながら阻止をすればするほど関係はどんどん悪くなります。関係が悪くなれば、相手を助けたいとは思えなくなっていきます。

相手が敵に回ると言うことです。そうなると、妻の場合は、養育費や援助などが受けられないかもしれません。夫の場合は、子供に会えないかもしれません。

ですが、関係が良ければ、夫は妻を助けたいと思うし、妻は夫に子供たちを会わせたいと思います。それならば、いっそ離婚を受け入れ、これからのことを話した方が、あきらかに建設的だと思います。そして、そこから関係構築にチャレンジしてもよいし、新しいパートナーを探してもよいのでは、とも思っています。

関係を構築するために……

コミュニケーションの不和が原因で夫婦喧嘩が起こるとお伝えしました。では、コミュニケーションの不和は、どのようにして起こるのでしょうか？

それは夫婦関係だけでなく、すべての人間関係において重要なことです。一体なんだと思いますか？

これは基本中の基本ですが、ほぼすべての人が意識していないと言っても過言ではないでしょう。

それは人間対人間において意識しておかなければならない「違い」です。人間同士には必ず「違い」があります。見た目の違いはもちろんのこと、思考の違いもあるのです。「それくらい知ってるわ！」という声が聞こえてきそうですね。では、その違いに対して、これまでどのような反応をしてきたでしょうか？

反応と言うのは、感じたことや、発した言葉、起こした行動です。たとえば意見が分かれた場合、受け入れられない言動、行動をされた場合です。もう少し具体的に言えば、子供の勉強に対する考え方や、子育てのやり方、食事のマナーなどで、自分が思っていたやり方と、相手が違うやり方をしてきた場合に、どんな反応をしましたか？

何も言わずにがまんした？

反論して喧嘩になった？

話し合いをして、言っても無駄だとあきらめた？

大半の関係が悪い夫婦は、このどれかの反応をしています。そして、これを何度も繰り返しているわけです。これが積み重なると、どうなるか……もうお分かりですよね。

これこそが夫婦関係を壊す、コミュニケーションの不和なのです。では、一体どうして、コミュニケーションの不和は起こるのか？　そのメカニズムは本書で詳しく説明していきますが、まずは「違い」に対する対処法を説明します。簡単に言えば、違いを受け止めればいいのです。

違いを受け止めるとは？

これは究極の考え方で僕自身も完璧にはできていません。たまにイラッとしますし、言い返してしまうこともあります。ですが、ある程度これができるようになって初めて夫婦関係が良好になっていったと思います。それでは、「受けとめる」とは一体何なのか？

一言で言うと「自分と違う部分を〝魅力的〟に受けとめる」ということです。先ほど、人と人は違うという話をしました。この違いを、どのように受け止めるのか？　によって夫婦関係に非常に大きく影響してきます。

これまでのあなたは、自分と違うところを見つけては、その違いにケチをつけ、自分がいかに正しいのかを意見してきたと思います。もしくは、何も言わないけどそう思っていたり……。違いを見つけた瞬間、無表情になったり、少し不快な顔をして、声のトーンがちょっと低くなったりしたでしょう。それは全て相手に伝わっています。（無意識に）では、どうすればよいのか？「違い」をどのように受け止めるのか？　ここに焦点を当てて考えてみたいと思います。

人間には形があります。それは見た目だけではなく、心の中も一緒。あなたの旦那さんも奥さんもお子さんもいろいろな形をしています。この形を知ろうとしてください。

この人は、何が好きでどんなことが苦手で、どんなことでイライラするのか？　何を見て楽しんで、何が嬉しくて、どんな考え方を持っているのか？　その形を知ろうとすることが、最初の一歩です。

夫婦喧嘩が起こるのは、知ろうとするのではなく、お互いが自分の形の方が正しいと言っているからです。自分の形が正しいと思ってしまうと、違う形をした人たちに対して嫌な気持ちになったり、あの人はおかしいとか、あの人はなんか違うとか、あの人はわからないと思ってしまいます。違うのは当たり前だし、わからなくて当然なのに……。

自分の形は正しいのではなく「すばらしい」のです。そして、それと同時に相手の形は間違っているのではなく「すばらしい」のです。すばらしくない人なんてこの世に存在しないと僕は思っています。

全ての人がすばらしく、そして前に進むチカラを持っていて、必ず自分の望んだ人生を歩むことができます。もちろん、あなたも、あなたのパートナーも。ぜひ、違いを見つけたら興味を持ってください。

「へぇ〜、そんなふうに考えるんだ、おもしろいね」と楽しんでみてください。それが結局、自分の人生を豊かにしてくれます。違いを見つけて相手に自分の正しさを示すのと、違いを見つけて相手のすばらしさに気付くのと、どちらがあなたの人生をよりよいものにしてくれるのでしょうか？

本書では「違いを魅力的に受け止める」方法についても、後で説明しています。

関係構築へのススメ

本書のノウハウは、今のパートナーと関係を構築する目的で使っても、違う相手に使っても大丈夫です。あなたの人生を根底から変える自信がありますので、最後までじっくりと読んでください。本書では夫婦関係について述べていますが、全ての人間関係に共通している内容です。上司、部下、ご近所さん、ママ友、子供、自分の親などなど、すべてに共通します。

人間関係というものは近くなればなるほど、関係を構築するのは難しくなります。逆に遠くなればなるほど楽です。なぜなら、遠くの人は関わらないときもあるけど、近く人はどんな状態のときでも強制的に関わってきますから。だからこそ、一番近い人との関係を良好にすれば、すべての人間関係で悩むことはほぼなくなります。

そして、その方法はシンプルで簡単です。本当にやることは単純なんです。ただ、続けるのが難しい。なぜ難しいのか？　習慣を変える必要があるからです。歯を磨く習慣とか、お風呂に入る習慣といった表面的なものではなく、〝心〟の習慣を変える必要があるのです。

これまでのあなたの人生は自分が持っている〝心〟の習慣が創っています。この習慣を変えれば、誰でも人生の逆転現象を起こすことができます。お金のあるなしや、環境に恵まれているいない、外見の良し悪しも関係ありません。

「自分は幸せである」という状態が作られる習慣を手に入れれば、人間関係はほぼすべて好転します。そして、人生も好転していくのです。

夫婦関係も好転しますが、今のパートナーではなく、新しいパートナーシップと理想の人生を作ってもよいでしょう。もちろん、一人になって人生を謳歌してもよいでしょう。個人的には、今のパートナーとの関係構築のチャレンジをおススメします。なぜなら、難しい関係の方が、学びは深くなるからです。

たぶん、今伝えた内容は「?・?・?」と思われたかもしれません。ですが、この書籍を読み終えたとき、この意味がわかるでしょう。ぜひ、じっくり何度でも読んでみてください。読むたびに、気付くことや感じることが変わってくると思います。

夫婦関係の未来予測

本編に入る前に、あなたに考えてほしいことがあります。それが、これからの夫婦関係の未来予測です。

たとえば、3年前の夫婦関係はどうでしたでしょうか？　そして、3年前と比べて、今はどうなりましたか？　よくなった？　悪くなった？　これを基準に考えてみてほしいのです。今から半年後、1年後、5年後と、関係はよくなっていると思いますか？　それとも、もっと悪くなっているでしょうか？

そして、その状態があと何十年も続くわけです。本当にそのままでいいのでしょうか？　もちろん、あなたの人生ですから僕がとやかく言う資格はありません。

もしかしたら、いろいろとがんばってきたのかもしれません。自分なりに一生懸命、夫婦関係をよくしようと努力してきた。でも、うまくいかなかった。そんな状態かもしれません。

ですが、やり方が間違っていた可能性もあります。あなたの人生が好転するための、お役に立てば幸いです。

第 2 部

夫の読むページ

あなたはがんばりすぎている！

あなたはすでにがんばりすぎています。

あなたは妻や子供のために仕事を一生懸命してきたのではないでしょうか？　うまくいかない職場でも家族のためにがまんをして、がんばってきたと思います。でも……妻からは認められず、給料が少ないだの、あなたは間違ってるだの、指摘の嵐。家に帰っても、妻はイライラしていて、いつも無表情。自分に笑顔を向けてくれたのは、一体いつのことやら。そんな家庭に嫌気が差し、家に帰りたくないという思いから、わざと残業したり、お姉ちゃんのいるお店に行ったり……。

もしかしたら、好きな人ができて、浮気・不倫をしているかもしれません。それを妻にばれて、怒り狂われたか、泣きながら浮気をやめるよう懇願されたかもしれません。もしかしたら、まだバレておらず、スリルを楽しんでいたり、恋愛を楽しんでいるのかもしれません。

もう疲れ果て、別居、離婚をしたい、自分が妻を幸せにできないのならば、もう離れてあげたほうがいいんじゃないか、と思うこともあったかもしれません。ですが、本当は何とかしたい、このままではいけないと思われているかもしれません。または、すでにあきらめ、もう離婚しようと思っているかもしれません。

どのような状態でもよいのですが、最後にこの本に書かれていることをしっかりと真剣に読んでみてほしいのです。

今のあなたは、今の夫婦関係になったのは妻が悪いとか、自分が原因だとか思っているかもしれません。はっきりと言いますが、それは「間違い」です。

あなたの決断や考えていることが間違いだと言いたいのではありません。そうではなく、夫婦円満にするための手法が間違っているのです。何度も言いますが、仕事や家事や育児を、あなたがどれだけ一生懸命したところで、夫婦関係はうまくいかないのです。

妻は、口では家事を手伝ってほしい、育児を手伝ってほしい、給料が安い、などと言ってきますが、家事や育児を手伝えば、給料が増えれば、満足するわけではありません。なんだそりゃ？　と思われたかもしれませんが、これは真実です。

この本を読み終えたときに、妻があなたを心から尊敬し、認めてくれる……家に帰れば、いつも笑顔で溢れ、楽しそうに日々を過ごしている……たとえ給料が少なくても、たとえ付き合いで土日がなくなったとしても、文句どころか「いつも本当におつかれさま、ありがとね」と心からねぎらってくれる……そんな、あなたが理想としている妻にする方法が理解できているでしょう。

それと同時に、あなたがこれまで一生懸命してきたことが、相手にいかに届いていないのかもはっきりとわかるでしょう。

幸せにします！　は不幸の始まり

プロポーズや結婚式、彼女の父親に挨拶をするときに「彼女を幸せにします！」とか言ったりする人がいます。しかし、これは「僕の思い通りの幸せに彼女を当てはめる」という意味でもありますですが、彼女が何に幸せを感じるのかわかりませんよね？

いや、俺はわかってる！　経済力があれば！　仕事さえ真面目にしていればよい！　だから金を稼ぐんだぁ！

……それは昔であれば通用したでしょう。しかし、今はテレビや洗濯機などが当たり前に買えてしまう世の中であり、えり好みをしなければ、ある程度の収入さえも約束されている世の中です。ですから、経済力だけが求められているわけではありません。

婚活をしている女性が男性の収入を重要視しているのは確かでしょう。ただ、例え口でそう言っていたとしても、本当に求めているモノは違うんですよ。もちろん、経済力は大事です。でも、経済的に安定していたって、あなたと一緒にいてハッピー！　って思うのか？　というとそれは違いますよね。もっと言えば、金に釣られてあなたと一緒にいるパートナーってどうなの？　って個人的には思いますし。

じゃあ、妻は何を求めているのか……それは、「幸せ」です。まぁ、これはあなたもそうですよね。「当たり前だろ！」みたいな。この幸せって、お金があれば、有名になれば、偉い立場になれば、感じられるのかっていうとそうではないですよね。

お金を稼げば失う不安だってうまれるし、偉くなっても有名税みたいに周囲にいろいろ言われる可能性だってある。状況を考えれば、よいこともあれば悪いこともあるわけです。

幸せは「〇〇があれば感じられる」というものではなく、「楽しいとか嬉しいとかを感じる心」があるから感じられるのです。そして、それが〝あなたと一緒だから感じられる〟ものでなければ、意味がありませんよね。

お金があったとしても、あなたと一緒にいると苦痛だって感じているのであれば、それは幸せとは言えませんよね。幸せってのは、〝感情〟で感じるものであり、あなたと共にいるから感じられるものである必要があるんです。

ここを勘違いしているから、夫婦関係はどんどん悪くなっていくんです。では、もう少し具体的に、なぜ夫婦関係が悪くなるのかを説明していきましょう。

原因と結果の法則

なぜ、今の夫婦関係になってしまったのか？　あなたは理解しているでしょうか？
もしかしたら、妻が話を聞かないからだ！　あいつが認めないからだ！　セックスを拒むからだ！
グチグチ文句を言ってくるからだ！　とか、自分の力が足りないからだ！　俺は女を幸せにできない男なんだ！　妻が望んだ男になれなかったからだ！　と思っているかもしれません。

すべて「ハズレ」です。その理由は今から説明しますが、これは、理想の妻に仕立てるために、必ず理解しなければなりません。あなたも仕事で問題が起こったときに「何が原因でこの問題が起こったのか？」ということを探すことでしょう。問題の原因がわかっていないのに、根本的な解決などできやしないからです。結局、根本的な解決ができなければ、暫定的な対策になってしまう。それでは、同じような問題が起こる可能性が高くなる。

夫婦関係に対しても同じことが言えます。まずは今の夫婦関係になった本当の理由がわからなければ、今からどうすれば夫婦円満になれるのかが理解できないのです。

そして、コミュニケーションの不和から、似たような夫婦喧嘩が繰り返し起こり、会話がなくなるか、夫婦の時代は闇へと移行していき、いろいろなイベントが起こってしまうかもしれません。では、一体どうして今の夫婦関係になってしまったのか？　お伝えしていきたいと思います。

与える「もの」を勘違いしている

あなたはもしかしたら、「仕事」をしていれば、自分の役割は果たしていると思われているかもしれません。または、家事や育児を手伝っていれば、問題はないと思っているかもしれません。しかし、先ほども伝えましたが、どれだけそれらを一生懸命しようと、残念ながら、妻は満足してくれません。なぜなら、与える「もの」が違うからです。

実は、あなたが与えている「もの」と、妻が欲しい「もの」が全く違うのです。ここを理解していないから、すれ違いが起こる。だから、妻「なんで、わかってくれないの！　あなたはぜんぜん手伝ってくれない！」夫「俺だってやってるだろ！　お前だって、言うばっかりで、俺のことをわかろうとしてくれないじゃないか！」といった夫婦喧嘩が起こってしまうのです。

ここであなたに質問がありますが、妻が欲しい「もの」は何かご存知でしょうか？　僕はこれまで何百人という人と話をしてきました。メールも入れると1000人は超えているでしょう。その中で、妻が欲しい「もの」は何だと思いますか？　と聞いたところ、大半は、仕事をしてきちんとお金を入れることだと言われました。

ここで考えてほしいのですが、「お金」という物質的なものは確かに必要なんでしょう。ですが、それ以外に、いやそれと同等以上に大切なものがあります。それが、あなたと一緒にいて感じられる「幸せ」です。

では、もう少し聞いてみましょう。妻は一体どういうときに「幸せ」を感じるのでしょうか？　何に喜びを感じ、何を楽しみとしているのでしょうか？　どんなことに愛情を感じ、何をされたら嫌がるのでしょうか？　将来はどんな心配を抱えていて、どんな悩みを持っているのでしょうか？　あなたの親友以上に、妻のことを理解しているでしょうか？

たぶん、大半の夫は答えられないでしょう。ですが安心してください。今から順を追って説明していきますので。先ほど、与える「もの」が違うという話をしましたが、もう少し説明すると、これは、お互いの価値の循環が「きちんと」行われていないことが原因なのです。では、価値の循環とは一体何なのでしょうか？

価値の循環

夫婦関係において、最も大切なのは価値の循環です。しかも、お互いにとってよりよい価値の循環が重要になってきます。では、価値の循環とは一体何なのでしょうか？

コンビニエンスストアを考えてほしいのですが、ジュースを買うとき、対価としてお金を支払います。これは、よりよい価値の循環が行われている状態です。だからこそ、お互いに不満やストレスはないですよね。もし、ジュースだけを持って帰ろうとしたら、それはドロボウです。逆に、品物を渡さずにお金だけを取ろうとすれば、それは詐欺です。あくまでも、価値（ジュース）と価値（お金）の循環が行われるからこそ、お互いが納得するわけです。

夫婦関係においても同じことが起こっています。夫が与える価値は「仕事」と「お金」、ちょっとした「家事」や「育児」のお手伝い。妻が与える価値は「全ての家事」と「全ての育児」。

この場合は、きちんと価値の循環ができているように思えますが、残念ながらよりよい価値の循環は起こっていません。先ほどもお伝えしましたが、妻にとってよりよい価値とは、あなたと一緒にいて「幸せだ」と感じることです。仕事やお金をどれだけ価値として渡していても、妻があなたと一緒にいて「不幸だ」と思っていたとしたら、よりよい価値の循環は起こらないのです。

すなわち、妻があなたといて「不幸だ」という価値を受け取っていたとしたら、当然、妻からも「不幸だ」という価値があなたの元にも循環してくるわけです。これも立派な価値の循環ですが、お互いがより辛くなるような価値の循環になってしまい、夫婦関係はどんどん壊れてしまうわけです。

また、価値には外的価値と内的価値の2つあるのですが、今説明した例は、外的価値は満たしているけど、内的価値は満たしていない状態になります。そして、外的価値しか満たせていない場合、夫婦関係は破綻する可能性のほうが圧倒的に高くなります。その理由を次で説明します。

価値には2種類ある

価値には、外的価値と内的価値の2つがあります。外的価値とは、読んで字のごとく「外部から感じる価値」で、内的価値とは、「内部＝感情で感じる価値」です。もう少し説明しましょう。

外的価値

外的価値とは、外から得られる価値です。簡単に言えば、「もの」や「こと」と思ってもらえればいいです。

たとえば、「もの」であれば、お金、車、家、ケーキ、宝石、時計、調理器具……。「こと」であれば、料理、洗濯、掃除、整頓、子供と遊ぶ……。

外的価値には特徴があって、相手が欲しいものであれば、「その瞬間」は、よりよい価値の循環は起こりますが、持続しにくいです。また、相手の中で価値は溜まっていきません。それ溜まっていかないので、どんどん新しい「もの」や「こと」を提供し続ける必要があります。それをしていかない限り、相手は飽きてくる可能性があります。そうなると、さらに高価な「もの」やさらに多くの「こと」を要求してきます。

それと、外的価値にはポジティブとネガティブがあります。先ほどお伝えした例は、「ポジティブ」なものになります。「ネガティブ」は「与える」のでなく、「奪う」になります。

たとえば、相手が苦しんでいようが、辛かろうが、困っていようが家事や育児は一切何も手伝わない、とか、自分一人だけが自由にお金を使い、相手には与えないなど。自分さえ良ければ、妻や子供たちが困ってもよいという状態は、「奪う」ことになります。

内的価値

内的価値とは、内から得られる価値です。簡単に言えば「感情」です。感情でもポジティブとネガティブの2つがあります。

感情のポジティブは、嬉しい、楽しい、感謝できる、癒される……。ネガティブは、悲しい、辛い、苦しい、悩み……。これらの「感情」が内的価値です。

当然ですが、相手に嬉しい、楽しい、感謝できるなどの、ポジティブな感情を与えれば、それは循環して戻ってきます。相手に悲しい、辛い、苦しいと感じるネガティブな感情を与えれば、それも同じように循環して戻ってくるのです。この内的価値は溜まっていきます。ポジティブもネガティブも。

ポジティブな内的価値が溜まれば溜まるほど、強固なキズナへと変わっていきますが、ネガティブな内的価値は溜まれば溜まるほど、夫婦関係は早く壊れ、修復も不可能になっていきます。

ここでは、外的価値、内的価値があり、それぞれポジティブとネガティブが存在することを覚えておいてください。

ネガティブな価値しか与えない夫婦

夫婦関係が悪い人たちは、外的価値や内的価値のネガティブな部分しか与えていない可能性が高いです。たとえば、家事や育児は嫌々手伝うか、妻が苦しんでいても一切何もしない。お金は基本的に自分が楽しむために使い、妻が困っていてもお金の使い方に対して、改善を求めるだけで必要以上に入れない。

もし、このようなことが家庭で起こっていたとしたら、夫婦関係はよくなるでしょうか？　当然ですが、破綻する方向へまっしぐらですよね。

さらに、男性に多いのは、「仕事をしてお金を稼ぐ」ことを価値として考えています。なので、その価値を提供していれば十分であるという思いを持っていることが多いです。

また、家事や育児を手伝ったとしても、それは「手伝ってあげている」という意識かもしれません。その意識を持っていたとしたら、嫌々手伝っていることが妻にも伝わります。妻はあなたに助けてほしいと言っているのにも関わらず、面倒臭そうに、嫌々やっていたとしたら……。

妻はあなたと一緒にいて「幸せだ！」と感じるでしょうか？　残念ながらそれは難しいでしょう。なぜなら、妻はポジティブな部分の価値を求めているからです。

妻が欲しいポジティブな価値を与える

妻にはポジティブな価値を与える必要があると伝えました。では妻にとってのポジティブな価値とは一体なんなのか？　どうすれば、妻は嬉しい、楽しい、感謝できる、癒されるという感情を感じてくれるのか？　これらを伝えていこうと思うのですが……。

この話をする前に、少し考えてほしいことがあります。それが、あなたと妻はどんな関係なのか？　ってことです。これまで、一体どんな関係だったから、夫婦関係は悪くなってしまったのか？　またはよくならないのか？　ここを細かく解説していこうと思います。原因さえわかれば、その対処法はおのずと見えてきます。

妻とあなたの関係

妻とあなたの関係がよりわかりやすくなるように、仕事で置き換えてみたので一度考えてみてください。

あなたは、あるプロジェクトチームのリーダーです。当然、そのプロジェクトを成功させたいと考えています。あなたはどんなチームを作れば、プロジェクトが成功する可能性は高まるでしょうか？

1. 責任分担がはっきりと別れているチーム
2. 責任分担はなく、お互い助け合うチーム
3. 責任分担は別れているが、お互いが助け合うチーム

もう少し具体的に話していきましょう。

1. 責任分担がはっきりと別れているチーム

責任分担がはっきりと別れているチームとは、自分の仕事はしっかりとするけど、誰かが困ってい

ても一切手伝わない。手伝ったとしても、「手伝ってやっている」という空気をかもし出すチーム。
2．責任分担はなく、お互い助け合うチーム
責任分担がないから、誰が何をするのか決まっていない。誰かが何かをやっていることに対して、率先して手伝うが、どうすればいい？　何をすればいい？　と言っているチーム。
3．責任分担は別れているが、お互いが助け合うチーム
自分の責任部分はしっかりとするが、ゴール（プロジェクトの成功）に向かうために協力して、一緒に進んで行くチーム。


さぁ、どれが一番うまくいきそうでしょうか？

3がうまくいきそうではありませんか？　これを夫婦関係に当てはめてほしいのですが、実は関係が悪い夫婦は、1のパターンがほとんどと言ってもいいかもしれません。

先ほども話したように、夫なら「仕事」、妻なら「家事と育児」というふうに責任分担をしています。だから、夫婦関係がうまくいっていない夫は、妻が困っていても「それはお前の仕事だろ」という意識を持っている場合が多い。

逆に妻は、「お金を稼いでくるのは、あんたの仕事」という意識を持っている方が多い。そうなると、給料に対して、「足りない」、「少ない」と言ってきたり、仕事で遅くなったり、出張なんてことにな

ると文句を言うわけです。

仕事をしてお金はたくさん稼いで来い、だけど、残業や出張はなるべくするな！　私を助けなさい、家事や育児を手伝いなさい、あの家の旦那は家事を率先して手伝うそうよ……なんてことを言う〝さげまん妻〟になる訳です。それは妻の性格が悪いからそんなことを言ってくるのか？　というとそんなことはありません。

そうではなく、夫は妻に対して、「俺は仕事をやってるんだから、家事や育児はちゃんとこなせ」と思っており、妻は夫に対して、「家事や育児はやってるんだから、理想の金額ぐらい稼いでこい」または、「家事や育児、ましてや仕事もしてるんだから、対等である。だから家事や育児は手伝え」と思っている。

お互いがそんな〝もっとよこせ！〟と言い合う関係だとしたら、夫婦円満になると思いますか？

【幸せな家庭を構築する】というプロジェクトは、うまくいくのでしょうか？

では、さげまん妻から、あげまん妻にするために私たちはどんな関係を目指すべきなのか？

それが、3のパターン。

これも、絶対に3のパターンしかうまくいかない、という話ではなく、確率や可能性の話です。どのパターンが、よりよい関係を作りやすいと思いますか？　ということです。

1や2のパターンの場合、どうしてもよりよい家庭を作るための行動というよりも、自分だけを守る、もしくは責任は取らないという意識が芽生えやすくなります。そうなると、助け合う関係が作りにくいのです。

だからこそ、3のパターンを意識し、【幸せな家庭を構築する】というプロジェクトを共に、成功に導くために寄り添う必要があるのです。

もう一度言いますが、妻は幸せな家庭を構築するための大切な仲間であり、共に進む同士なのです。

そして、この意識を持つことこそが、まさにポジティブな価値を与えることに繋がるのです。

助け合う＝ポジティブな価値

助け合う、と聞くと、いや私は助けています！　家事も手伝ってるし、育児も率先して手伝っています！　という人がいます。もちろん、それも助け合うに含まれるのですが、それよりも、大切なことがあります。

それが、「妻のことをわかろうとしているかどうか？」です。先ほども話しましたよね？　彼女を幸せにします！　ってどうやって幸せにするのかわかっていますか？

彼女は一体何を望んでいるのでしょうか？　仕事をしてれば、私幸せ！　って言ったのでしょうか？　お金が大量にあれば、幸せ！　なのでしょうか？　はっきりと言っておきます。

・妻はゴミ出しをして欲しいのではありません。
・妻は料理を作って欲しいのではありません。
・妻は皿洗いをして欲しいのではありません。
・妻は部屋を掃除して欲しいのではありません。
・妻は子供の世話をして欲しいのではありません。
・妻は話を聞いて欲しいのではありません。
・妻はプレゼントが欲しいのではありません。
・妻は経済力が欲しいのではありません。

妻は何かをして欲しいのではなく「自分のことをわかって欲しい」のです。妻という役割ではなく、一人の人間として、一人の女として、あなたにわかって欲しいのです。

どんなことが得意で、どんなことが苦手で、今どんなストレスを抱えていて、何に喜びを感じ、何に悲しみを感じるのか……。どんなことに愛情を感じ、どんなことに不安を感じ、何を心配しているのか……これらをわかって欲しいのです。そのうえで、妻を助け、支え、癒してほしいのです。家事や育児を手伝うとか、経済力とかはそのあとなんです。

そして、さらに人によって愛情を感じる事柄が変わります。高価なものをプレゼントされることに愛情を感じるのか？　妻のためにかけた時間や労力に対して愛情を感じるのか？　ちょっとした言葉や態度に愛情を感じるのか？　隣で話をするだけで愛情を感じるのか？　セックスをすることで愛情を感じるのか？

あなたの妻は、一体どんなことに愛情を感じるのか……知っていますか？

いや、それよりも……そもそも知ろうとしていますか？

「士は己を知る者の為に死す」

この故事は、男性に使われる言葉ですが、女性も同じです。自分のことを知ろうとしてくれる人のために、命を使い全力を尽くすわけです。

ポジティブな価値とは、まさに「相手のことを知る」ことであり、相手のことがわかれば、相手を心から喜ばすことも、支えることも、助けることもできるのです。

逆に、相手のことを何も知らないのに、喜ばすことも、支えることも、助けることもできません。ましてや、「幸せ」なんてできるわけがないのです。なぜなら、一体何が、相手の望んでいることなのか？がわかっていないから。

一体どんなことに喜び、支えられていると感じ、助けられたと感じるのか？　これがわからないのに、相手を喜ばすことも、相手を支えることも、相手を助けることもできないのです。

妻を助けるとは、世間が言っているような「○○すればよい」ということをするのではなく、〝妻が助けて欲しいことをする〟必要があります。そして、それこそが感情的価値を与えることになるのです。

でも、もしかしたら、「何でそこまでやんないといけないの？」と思われているかもしれません。妻からは優しい言葉もかけられず、いつも指摘され、あなたは間違ってる！　と言われる。そんな相手に、今更がんばろうなんて思えない……。その気持ちはわかります。ですが、これから本当に大事なことを話しますので、もし今更がんばりたくない、と思われた場合は、特にじっくりとお読みください。

なぜなら、あなたが今の妻と離婚して、新しい女性と一緒になったとしても、もしかしたら、また同じような夫婦関係になる可能性が高いからです。次を見るか見ないかで「女を幸せにできる男」か「女を不幸にする男」かの分かれ道になるかもしれません。

あなたはどんな男？

あなたという人間を一度、客観的に見てみましょう。

これまでの話で、あなたは妻の何を知っていましたか？　妻が何に困っていて、どんなことにストレスを感じ、何をされると喜び、何に対して愛情を感じるのか？　今の友達はどんな人で、どんな人間関係に悩みを抱えているのか。これらを理解しているような男でしたでしょうか？

それとも、「仕事をしている自分」「家事や育児を手伝っている自分」「お金を稼いでいる自分」は責任を果たしていると思い、家事や育児は、「妻がするのが当たり前」と思い、相手が困っていようが、苦しんでいようが、放置するような男でしたか？

勘違いして欲しくないのですが、僕はどちらのあなたが正しくて、どちらが間違っているという話をしたいのではありません。こんな偉そうなことを言っている僕ですが、以前は後者でした。

仕事は僕の役割だからしっかりとする。だけど、それ以外はあんたの仕事でしょ？　それぐらいやって当たり前。家事や食事の文句や、子育てに口を出す。だからと言って、自分が主体で何かをすることはなく、意見を言うだけ。そして、妻をどんどん追い詰め、苦しめ……笑わなくなった妻を見て、僕自身も苦しみました。

しかし､僕はあきらめませんでした。どうして夫婦関係が悪いのか？　何が原因でこんな関係になってしまったのか？　そして、いろいろなことを学んで実践して……気付くことができました。

そこから、妻が僕のためにしてくれている、たくさんのことを理解することができました。僕だけに向けられる気遣い、優しさ、暖かさなどを……感じ取れるようになりました。全てが当たり前ではなく、妻がそこにいるからこそ、与えてもらえるものばかりでした。

そうして初めて、僕は妻だけでなく子供や周りの人からたくさんのものを与えられていることに気付き、心から感謝できるようになったのです。今の僕は、一人の女（妻）を徹底的に愛し、「あなたと結婚できて本当に幸せだった」、子供たちには「この家庭で育って幸せだった」と言われるような男でありたいと思っています。

そのために僕は、今でも学び実践し、自分の幸福度を高め、自分の器をどんどん広げていくことはやめません。それが、僕の人生を必ず豊かにしてくれると信じているから。

そこであなたに1つだけ質問があります。

「あなたはどんな男でありたいのでしょうか？」

あなたは、今から選ぶことができます。もし、あなたが感情的価値を与えられる男になる！　と思ったとしたら、早速その価値を与えてもらいたいのですが……その前に、もう少し人間の心理について、学んでほしいことがあります。

価値を与える前に

それでは早速、妻に感情的価値を与えていきたいと思いますが……その前に、あなたの中にある「３つの思考」を理解してもらう必要があります。

これまで、妻のことがわかっていないから夫婦関係はうまくいかないんだと伝えました。妻のことをわかろうとする道中には、必ずこの３つの思考が何度も現れてきます。この「３つの思考」と折り合いをつけなければ、妻のことはわからないのです。あなたがまだ気付いていない３つの思考について紹介しようと思います。

３つの思考とは？

１．悪側思考

悪側思考とは、何かの出来事や誰かの言動に対して、悪い側面ばかりを見つけてしまう思考です。
もう少し具体的にいえば、レストランの料理や店員さんの対応、ホテルの部屋、他には友達の服のセンスや、同僚の仕事の仕方、考え方やその人の行動について……ありとあらゆるところで、悪側思考を働かせている人が本当に多いです。

レストランの料理にケチを付けたり、スタッフの対応にケチを付けたり、旅館の部屋や施設のケチを付けたり……そして、当然ですがこの思考は、あなたの妻に対しても働いています。

「妻の掃除や料理」や「家事のこなし具合」「子供に対する接し方」、「子育てのやり方」、「妻とは、こうあるべき」などなど。妻の悪い面ばかりを見ている可能性があります。

そして、その結果、悪い側面が見えたら、妻に嫌味を言ったり、怒りを感じたり、がっかりしたり……そして、それを言葉に出したり、態度に出したりすることで、夫婦喧嘩へと発展してしまう可能性が高い。

ただし、勘違いして欲しくないのですが、この思考がダメなのではありません。この思考のおかげで慎重に物事を考えたり、一度立ち止まって周りが見れるような、冷静な特徴もあるからです。

ですから、何度も言いますがこの思考がダメなのではなく、そういう特徴を持っていることをここでは覚えておいてください。また、この思考はどのように創造され、妻との関係を改善するにはどう活用すればいいのか？　は後で説明します。

す。

2. 見ない思考

見ない思考とは、何かの出来事や誰かの言動から、自分の中で勝手に考えて判断する思考のことです。

何かの出来事を見たときに、あの人はおかしい！　とか、そんな行動するのは間違ってる！　と判断してしまうこと。これをしてしまうと、相手の思いもわからずに否定や拒絶をしてしまう可能性があります。

たとえば、ある窃盗犯がいたとしましょう。行動だけを見ると窃盗は犯罪なのでダメなことなんですが、背景（思い）を知ると、共感できたり、許してあげたいと思う場合もあります。

「妹が何も食べてなくて死にそうで、パンを盗んでしまった……」という背景を知っていれば、自分自身が感じる感情も変わってくるのです。

だいたいの人は、この背景（思い）を見ようとせず、表面的な言動で、相手を判断してしまいがちです。ですが、人には、その言動に至った背景（思い）があるのです。特にネガティブな出来事に対して、背景（思い）を知ろうとしなければ……その人との距離が離れ、溝ができ、関係はどんどん薄くなるか悪くなっていくでしょう。

これも当然、妻に対しても行われます。たとえば、妻がイライラしていたら、自分がかけた言葉がダメだったのか？　とか、自分に不満があるのかな？　と思い込んだり、妻がセックスを断ったら自分のことなんて興味がないのかもとか思ったりする可能性があります。でも、そこにも妻の思いがあるわけです。何か、あなたの言葉がきっかけでセックスを断り出したのかもしれない。または、何かうまくいかなくてイライラしているだけかもしれない。

それを知ろうとせずに、自分の中で勝手に判断してしまうから、「私のことをわかってくれない！」なんてことを言われ、再び夫婦喧嘩に発展してしまう可能性があるわけです。ただし、この思考もダメなわけではありません。とりあえず、そういう特徴を持っていることを覚えておけば大丈夫です。

3．固定思考

固定思考とは、○○すべき！　○○はすべきではない！　という考え方です。

これは別の言い方で「正しさ」とも言っています。すべての人間には、○○すべき！　○○はすべきではない！　という固定概念を持っています。たとえば、浮気や不倫はすべきではない、妻なら家事は完璧にこなすべき、夫は一家の大黒柱として仕事をがんばるべき……いろいろな○○すべき、○○すべきではない、を持っています。

妻は家事を担当すべき、という考え方だと、妻から「少しぐらい手伝ってよ！」と言われても、それはお前の仕事だろ、俺は俺でがんばってんだ！　と反論してしまう可能性があります。（まさしく過去の僕自身がそうでした）これは、妻は家事を担当すべき！　という正しさがあるから、そこから外れる行為をされるとムカついてしまうんです。

逆に妻は、夫は妻を助けるべき！　という正しさを持っていたとしたら……当然、ぶつかってしまいます。このぶつかり合いが、何度も起こると、「話しても無駄」「自分のことをわかろうとしてくれない」「結局は自分のことばかり」……とお互いが感じてしまい、会話も少なくなっていきますし、一緒に過ごす時間も少なくなっていきます。

これも他の２つの思考と同じで、特にこれがダメって話ではありません。そうではなく、そんな特徴を持っていることを覚えておいてください。

３つの思考が創られた原因

この３つの思考は、一体どうやって創られたのでしょうか？　生まれたときに存在していたのか？　それともいつの間にか創られたのか？　これらを説明していきたいと思います。

先に結論を言いますが、３つの思考が創られたのは、あなたがこれまで生きてきた経験がベースになっていることが多いです。育った環境や、親との関係、学校での友達との関係、人から聞いた話、学んだこと、ありとあらゆる経験から、この3つの思考が創られます。

たとえば、いじめられた経験を持つと、人に対して本当の自分が出しにくかったり、育てられ方にもよりますが、長女だと自立している考え方を持っていたり……いろいろな立場やおかれた環境、人間関係などにより、同じ世界に住みながらも一人一人が個々の世界観を持っているのです。当然ですが、あなたにもありますし、あなたの妻にもあります。

この世界観の違いから、すれ違いが起こり夫婦喧嘩になり、会話がなくなり関係は少しずつ壊れていく……。ですが、はっきり言って世界観が違うのは当たり前なんです。なぜなら、育った環境も、経験してきたことも違うからです。(同じ環境で育った兄弟でさえ、それぞれに違いがありますよね？)

この話を聞いて、もしかしたら「近い世界観の人もいたよ？」と思われたかもしれません。確かに、近い世界観の人はいると思います。ですが、関係が深くなればなるほど、距離が近くなればなるほど、一緒に過ごす時間が長くなればなるほど、違いというものは浮き彫りになります。そして、結婚や妊娠、出産など環境が変われば、さらに違いは出てくるのです。

話がそれましたが、3つの思考というものは、育ってきた環境によって創られたものだとを覚えておいてください。

３つの思考と対話をする方法

妻を知るためには、この３つの思考と対話をする必要があるのです。なぜ、これらの思考と対話をしなければならないのか？　思考との対話とは何なのか？　について説明していきたいと思います。

３つの思考が出てきたときに問題が起きます。たとえば、悪側思考が働き出すと、悪い側面ばかりを見つけてしまうので、妻のがんばりや愛情、気遣いなどに気付けない可能性があります。

ネガティブな見ない思考が現われると、表面の出来事ばかりに囚われてしまい、物事の本質が見抜けなくなります。そうなると、あいつはこういうやつだというレッテルを貼った状態から抜け出せなくなり、人間関係の悩みを抱えてしまう可能性があります。

固定思考が現われると、○○すべき！　とか、○○すべきではない！　という1つの選択肢しか取れなくなります。1つの選択しか取れない人同士が議論するので、1対1の戦いが起こってしまい、平行線のまま、関係だけが壊れていくのです。だからこそ、思考と対話をすることが重要になるのです。それでは、妻を知るために、３つの思考と対話していきましょう。

1. 悪側思考との対話

悪側思考を僕は違う言い方をして説明したりします。それが、不幸センサーと幸せセンサー。不幸センサーは自分が不幸になる側面ばかりを見つけるセンサーで、幸せセンサーは自分が幸せになる側面ばかりを見つけるセンサーです。

夫婦関係が悪い人たちや、不幸だと嘆いている人たちの多くは、この不幸センサーをバリバリに働かせています。物事の不幸な側面、自分が不幸だと感じる側面を見つける天才になっています。そのため、何か目の前で出来事が起こると、あえて自分の気分が害する、不幸になる側面を見つけてしまうのです。

これが妻に対しても働いてしまうのです。妻に対して働いてしまうと、何かをやってくれたとしても、ダメな部分や至らない部分が気になる可能性があります。そうなると、その部分を指摘したり、不機嫌な態度をとってしまう。

しかも、妻がやってくれた思いに気付けなくなり、「感謝」ができなくなります。やってもらったことよりも、至らない部分が気になるので、〝心から〟の感謝ができないのです。うわべだけでは、「ありがとう」とか「感謝してます」と言えます。でも、残念ながら〝心から〟言わないと、相手には伝わらないのです。

とりあえずここでは、以下の質問に対してじっくりと自分と対話してみてください。
・妻の存在や、やってくれていることを当たり前だと思っていませんか？
・妻のミスやダメなところではなく、すばらしいところやあなたに対する愛情、気遣いに気付いていますか？
・妻にうわべではなく心から感謝できていますか？
すべてＹＥＳなら、たぶんあなたの家庭はうまくいっているでしょう。うまくいっていない場合は、それらはうわべだけかもしれません。心から感謝を感じているでしょうか？

感謝の言葉とは、ジーンと心が温かくなるような感じを、愛おしいと思うような感情を感じていますか？
〝感謝を感じる〟からこそ伝えられるのであって、〇〇してもらったからありがとう、と頭で理解して言うことではないんです。もちろん、言わないよりはマシですが。ですが、感謝を感じられる自分であれば、さらに関係はよくなるでしょう。また、ＮＯがあれば、それを改善するためのトレーニング方法を後でお伝えしますね。

２．見ない思考との対話

見ない思考が強い人は、人間関係の悩みを抱える可能性が高いです。なぜなら、目の前の出来事に対して勝手に悪い方向に想像して、勝手に思い込んでしまうから。特にネガティブな反応をされたときには、ほぼ確実に相手に対してネガティブな反応をしてしまいます。

自分の言動が原因なんじゃないか？　嫌われたらどうしよう？　なんとか改善しなければ！　という感じで、考え始め、悩み始めるんです。

そして、再びネガティブな反応があれば、やっぱりあの人は私のことが嫌いなんだ！　なんて結論に結び付き、もう仕事辞める！　とか、部署変えてもらう！　あの人とは一緒にやりたくない！　なんて結論になるかもしれません。

この状態から抜け出すにはどうすればよいのか？　勝手に思い込みそうになったときに、次の質問をすることです。

「本当にそれは真実なのか？」

人は相手の言動、センスや持ち物などで、その人となりを決め付けやすいです。ですが、本当のところは誰にもわかりません。どんな思いがあって、その行動をしたのか？　何を考えて、何を思ってその言葉を言ったのか？　当人しかわからないのです。なので、思い込んだとしたら……この質問を繰り返し、自身と対話してあげてください。

・本当にそうなのか？　それは真実なのか？

・それは、相手が言っていたのか？

もし、ＮＯならその思い込みは、必ずしも当たりではないということです。ただ、相手が言っていたとしても、絶対に鵜呑みにはしないことです。

なぜなら、その言葉や行動には必ず背景があります。理由があります。言葉を発するということは何かを感じたり、思ったからこそ、その言葉を発したんだと思います。行動を起こしたのも、何かを感じたり、思ったからこそその行動をしたんだと思います。

相手の思いは、うわべの言葉や行動だけでは計り知れないぐらい深いです。なので、相手の言葉や行動がわかりやすいものだったとしても、安易に思い込まないほうがよいと思います。相手は愛情を持って伝えていたのに、勝手に悪い方向に思い込んで、その人を嫌いになったなんてことも起こり得ますからね。

３．固定思考との対話

固定思考から抜け出すのは至難の技です。固定思考は、何十年もかけて自分の脳みそに刻み込まれたからです。

たとえば、子供は大学に行くべきだと思っていたとしましょう。この状態の場合、「子供に大学を行かせること」が当たり前であり、真逆の選択（大学に行かなくてもいい）は取れない状態です。「子供は大学に行かせるべき！」と思ってると、子供の思いよりも、大学に行くべきという思いを優先させてしまいます。そうなると、子供が大学に行く必要性や、どうなりたいかすら、わかっていないのに勉強をさせることになりかねません。

子供にとっては、自身がやりたい！　必要だ！　と感じていないにも関わらず、無理やりやらせられるわけですから、当然ストレスが溜まります。その結果、反抗したり、外でストレスを発散したりしやすいのです。ひどくなると、家庭内暴力や万引き、ひきこもり、家出、いじめなど、いろいろなことが起こりやすくなります。

これは１つの例ですが、私たちは知らず知らずのうちに、たくさんの○○すべき、を持ってしまっています。

妻は家事や子育てをすべき！　子供をしつけるには痛みを与えるべき！　夫は仕事をがんばるべき！　……いろいろな「○○すべき」、「○○すべきではない」が、自身を疲弊させ、妻を疲弊させ、子供を疲弊させていくのです。そして、関係を壊し、家族が壊れていくのです。

何度も言いますが、この３つの思考がダメなわけではなく、特徴として覚えておいて下さい。


以上、３つの思考についてお伝えしましたが、この３つは全く違うものではなく、すべては自身の「認知」によるものです。認知とは、心理学上の認知になります。もう少し説明しましょう。

心理学での認知は、wikipedia によると……「人間などが外界にある対象を知覚した上で、それがなんであるかを判断したり、解釈したりする過程のことをいう」とありますが、簡単に言えば、個々が持っている解釈の仕方です。これが人によって違うのです。
たとえば、
温度……ある人は熱いと言い、ある人はぬるいと言う。
大きさ……ある人は大きいと言い、ある人は小さいと言う。
音……ある人はうるさいと言い、ある人は聞こえにくいと言う。
結婚……ある人は幸せだと言い、ある人は墓場だと言う。
宗教……ある人は胡散臭いと言い、ある人は救われたと言う。
その人が持っている意味や感じ方、考え方すべてが認知になります。

夫婦関係を変える方法

３つの思考と、それが人生にどう影響しているのかについて、ある程度理解していただけたと思います。

では、どうやって夫婦関係を変えるのか？　実は、３つの思考は、トレーニング次第でなんとでもなります。

先ほど3つの思考とは、自身が生まれ育った環境で創られたものだと言いました。創られたということは、変えることもできるんです。

「もうこれは性格だから無理じゃないんですか？」と言われるかもしれません。ですが、僕の好きな言葉をご紹介します。

思考に気をつけなさい、それはいつか言葉になるから。
言葉に気をつけなさい、それはいつか行動になるから。
行動に気を付けなさい、それはいつか習慣になるから。
習慣に気を付けなさい、それはいつか性格になるから。
性格に気を付けなさい、それはいつか運命になるから。

僕や僕のプログラムを受講している方たちも実感していますが、この一番初めの「思考」が変われば、先ほど話した「認知」が変わります。もう少し言えば、出来事の受け取り方（認知）が変われば、その後に発する言葉や、行動も変わるということです。その結果……性格や運命さえも変わってしまうということです。

この話をするとたまに、性格なんて変わらない！　人生なんて変わらない！　自分なんて変えられない！　と言う人がいます。もちろん、その考え方でもよいと思います。ですが、今一度考えてみてほしいのです。

その考え方をあと30年40年と持ち続けることと、性格や人生、自分さえも変わるかどうかはわからないけど、チャレンジしてみようと思ってチャレンジしてみることでは、どちらが、理想の夫婦関係、理想の人生に近付けると思いますか？

この選択は〝あなたが〟選ぶことができます。僕としては、今からお伝えするトレーニングにチャレンジしてみてほしいです。トレーニングを積み重ねていくと、思考が少しずつ変わっていくことはお約束しますので。

トレーニング方法

それではトレーニング方法について説明していきたいと思います。ただ、1つだけ注意してほしいことがあります。これをやったからと言って、すぐに思考が変わるわけではありません。何十年もかけて今の思考になったのです。それを変えようとするわけですから、時間はかかります。

ただ、ご安心ください。何十年もかかるわけではありません。早ければ、数日～数週間で思考の違いに気付けると思います。ぜひ、試してみてください。

トレーニング法を公開！

1. 悪側思考を変える

出来事の悪い部分、不幸な側面ばかりを見つけてしまう悪側思考。これを変えるには「良側思考」

という習慣を身に付ければよいんです。

この習慣を手に入れるために、毎日以下の質問に答えてみてください。

Q．今から24時間以内にあった嬉しかったこと、感謝できること、楽しかったことを答えてください。

Q．あなたの妻や子供がいてくれることで助かっていること、癒されること、感謝できることを答えてください。

これを最初は意識的にします。そして繰り返していくことで、習慣化されます。

まずは、自分の目につくところにこの質問を貼ってみてください。携帯の待ち受けにしてもよいでしょう。

2．見ない思考を変える

見ない思考とは、起きた出来事から自分の勝手な想像をして思い込んでいく思考だと説明しました。

たとえば、子供が万引きをした場合、万引きしたことばかりに囚われ、万引きしたことに対して叱り、怒り、悲しみをぶつけてしまいますが、その前に、ものすごく大事なことをする必要がある。それが……「出来事の背景を探る」こと。一体何があって、万引きをするに至ったのか？　という子供の心の奥底を探ることです。万引きをする人は、品物が欲しいわけではありません。
・生きる意味を見つけるために、ドキドキ、ハラハラしたい、刺激が欲しい
・自分に注目してほしい、達成感を感じたい
・仲間から認められたい、仲間はずれにされたくない
などなど、万引きをする背景には、さまざまな理由があるわけです。この背景を知らずして、真実は見えてきません。

妻が発した言葉や、起こした行動も、妻の心の奥底を探らない限り、本当の理由はわからないわけです。

どうすればよいのでしょうか？　ＳＴＥＰが２つあります。（※３つ目のＳＴＥＰは、ＳＴＥＰ２の質問ができない場合です）

ＳＴＥＰ１．出来事から判断しようとする自分に気付く
ＳＴＥＰ２．一体何があったのかを質問する
ＳＴＥＰ３．本当はしたくないけど、相手がそれをしなければならない最悪な理由を想像する

これを試してみてください。まずはＳＴＥＰ１が超重要です。これができれば、だいたいできるよ

うになると思います。なぜなら、ほとんどの人は、出来事から判断しようとしている〝自分〟に気付けません。

いきなり気付けと言われても無理があるので、一日の終わりにでもよいので、出来事から判断した場面はなかったか？　を考えてみてください。そして、それを見つけてから、ＳＴＥＰ２、ＳＴＥＰ３をやってみてください。

３．固定思考を変える

固定思考とは、◯◯すべき！　◯◯すべきではない！　という思考でしたね。たとえば、ご飯は残さず食べるべき！　という考え方を持っていたとします。そうすると、自分の状態よりもご飯を残さないことを優先させてしまいます。お腹が一杯だったとしてもがんばって食べようとします。その結果……お腹を壊したり、戻したり、体調が悪くなるなんてことも起こり得ます。これだけならいいのですが、さらに妻や子供にも強要する可能性があります。そうすると、妻や子供のお腹の状態よりも、残さず食べるべき！　という固定思考が勝つので、無理やり食べさせてしまうわけです。食べるまでその場から離れるな！　なんて言ったりするかもしれません。

ですが、２つだけ考えてほしいことがあるんです。

１．あなたはどんな家庭を創りたいのか？

2．子供にはどうなってほしいのか？
もう少し話していきましょう。

1．あなたはどんな家庭を創りたいのか？
食事を残さず食べるべき！　という固定思考が働いてしまうと、食事が楽しくない場になってしまう可能性があります。もちろん、しつけは大事です。ですが、その前に、あなたどんな食事を家族と取りたいですか？

ピリピリしながら食べる食事？　皆が笑いながら食べる食事？

2．子供にはどうなってほしいのか？
食事を残さない子供になってほしいと思うのはわかります。（僕もそうだったので）ですが、僕は食事を残す残さないよりも、自分が食べられる量を把握できる人になってほしいと思っています。

結局は、自分で食べられる量がわからない、もしくは親が、子供に何も聞かずに用意するから残してしまうのです。だから、我が家の場合は、子供にどれぐらい食べられそうかを聞きます。あんまり食べられそうにない場合は量を少なくしますし、たくさん食べられる場合は、普通の量で、おかわりしてねって言います。

僕はご飯を残す残さないよりも、ご飯の量や食べられるもの、食べられないものを自分で言える子になってほしいと思っています。またまた話がそれましたね。ということで、トレーニングです。

これは３つのＳＴＥＰで進めていきます。

ＳＴＥＰ１．自分が持っている◯◯すべき、◯◯すべきではないを探す

ＳＴＥＰ２．これが見つかったら、その固定思考を持つことのメリット、デメリットを書く

ＳＴＥＰ３．自分が理想としている家庭を想像したときに、その固定思考は持ち続けることがよいのか？　変えるのがよいのか？　をメリット、デメリットから判断する

この３つのＳＴＥＰを試してみてください。

いかに習慣化できるかがカギ

これまで３つの思考に対するトレーニング方法をお伝えしてきました。これは１回だけやればいい

のではなく、いかに習慣化できるのかがカギになってきます。

今のあなたは、悪側思考、見ない思考、固定思考が習慣化されているわけです。出来事の悪い側面ばかりが見えてしまい、よい側面が見えにくい。目の前で起きた出来事に対して、自分の想像だけ判断し、ネガティブな結論を出してしまう。〇〇すべき、〇〇すべきではないという自分の正しさを優先させ、本当はどうしたいのか、という心の声が聞こえない。このような状態が習慣になっているのです。それを、今から逆の習慣を手に入れようとしているわけです。一度想像してみてください。すべての思考が逆転したとしたら……どんな夫婦関係になっているでしょうか？　子供とはどんな関係でしょうか？　どのように仕事をこなし、部下や上司とはどんな関わり合いを持っているでしょうか？

これを実践した人たちは驚くんですが、夫婦関係、子供との関係、部下や上司との関係、親との関係などなど……ありとあらゆる人間関係の悩みが本当に解決し、人生が好転していくんです。ぜひ、習慣化できるまで、実践してほしいと思います。

実践！　習慣化するためのヒント

それでは習慣化するために実践していきましょう。まずは、最初の一歩でもよいので、やってみてください。５分もかかりません。これをする人としない人で、３年後の人生が大きく変わります。何度も言いますが、やるかやらないかは〝自分が〟選べるわけです。あなたはどちらを選びますか？

１．悪側思考からの脱却

悪側思考ではなく、良側思考になるには２つの質問に答えてみてくださいと言いました。これですね。

Ｑ．今から２４時間以内にあった嬉しかったこと、感謝できること、楽しかったことを答えてください。

Ｑ．あなたの妻や子供がいてくれることで、助かっていること、癒されること、感謝できることを答えてください。

この質問を、先ほども書きましたが、携帯の待ち受けにして、毎日見るようにしてみてください。

また、見つけたら、妻や子供にも伝えてあげてください。

過去に僕がやったのは、「よいとこを探す」って書いた小さな紙をポケットに入れて日々を過ごしていました。これをすると、ポケットに手を入れたときに、紙が手に触れるんです。そうすると、「よいとこを探す」ってことに意識が向きます。お試しあれ！

2．見ない思考からの脱却

見ない思考から、背景を見ようとする思考に変えるためには、2つのSTEPを実践する必要があると話しました。（STEP3は2ができない場合です）

これですね。

STEP1．出来事から判断しようとする自分に気付く

STEP2．一体何があったのかを質問する

STEP3．本当はしたくないけど、相手がそれをしなければならない最悪な理由を想像する

ただ、これは今後、そういうことがあったときに取ってみる行動なので、まずは、過去にさかのぼってやってみましょう。

次の質問に答えるだけです。

Q．誰かの態度や言われた言葉で、気分が悪くなったことはなかったか？
Q．相手がそれをしなければならない最悪な理由を想像してみてください。
Q．またはあなたにとってポジティブな側面を考えてみてください。

3．固定思考からの脱却

固定思考を変えるためには、３つのＳＴＥＰを実践すると話しましたね。
ＳＴＥＰ1．自分が持っている○○すべき、○○すべきではないを探す
ＳＴＥＰ2．これが見つかったら、その固定思考を持つことのメリット、デメリットを書く
ＳＴＥＰ3．自分が理想としている家庭を想像したときに、その固定思考は持ち続けることがよいのか？　変えるのがよいのか？　をメリット、デメリットから判断する

これは、今すぐできることなので、どんどんやってみましょう。そして、これは夫婦関係だけじゃなく、子供や仕事、親との関係など、ありとあらゆるところに隠れています。また、環境や状況が変わっても出てくる場合があります。ですので、ぜひその都度実践してみてください。

まずは7日間試してみよう

まず7日間このトレーニングを試してみましょう。7日間が長い！　と思われたら3日間でもよいです。それだけでもよいので、まずは実践してみてください。何事もそうですが、人間は習慣化が難しい生き物です。相当強い覚悟か痛みか、理由がなければ、やり続けられません。

ダイエットなども一緒ですよね。痩せたいと思いながらも、ダイエットできない。でも、3ヶ月以内に痩せないと「借金が100万円になります」と言われればやるんです。今回は強い理由はないかもしれませんが、ぜひ家族を幸せにする男になる！　と決めて試してみてください。

目的を達成する自分になる

ここから夫婦関係を改善するうえで必要な考え方についてもう少し学んでもらえればと思います。

まず、ものすごく初歩的ですが、ものすごく大事なことから話します。もしかしたら、あなた自身の人生の考え方すら変えてしまうかもしれません。

これがきちんと理解できれば、夫婦関係だけでなく、あなたの周りの人を幸せにできる男になれるかもしれません。

人生の創造主

ここであなたに質問があります。

それは、あなたの人生は、誰が決めているのか？　って話です。

どうでしょう？　誰があなたの人生をここまで創り上げてきたのでしょうか？　あなたの親でしょうか？　兄弟？　友人？　妻？　確かに、あなたの人生に影響を与えた人たちはたくさんいるかもしれません。

ここで真実を言います。

あなたの人生は、あなたが創り上げているのです。

当たり前のことをいまさら！　と思われたかもしれませんね。ですが、残念ながらこの自覚を持っている人はメチャクチャ少ないです。あなたは、あなたの人生における神様なんです。あなたの人生をどのように創造するかは、神であるあなたに選択権があるんです。

もちろん、全てが全て思うようになるわけではありません。人生の半ばでゲームオーバーになるかもしれません。大きな困難が立ちはだかるかもしれません。

ただ、ゲームオーバーになるまでにどんな人生を創造するのか、困難が立ちはだかったときに、どう攻略するのかは、あなた自身が選べるわけです。まずは、これを覚えておいてください。理解はしなくてもよいので、頭の片隅に置いておいてください。

あなたは今からどこに進むのか？

あなたは自分の人生の創造主だという話をしました。だとしたら……今この瞬間からどこに向かうのかもあなたが選べます。妻と向き合い、夫婦円満の道に進むのか？　他の女性と新しい人生を創造するのか？　それはどちらでもよいでしょう。あなたの人生ですし、あなたが決めることができるので。そして、これまでの道は、いろいろと大変だったのではないでしょうか。

うまくいかない夫婦関係、仕事場での人間関係の悩み、ご近所さんとの付き合い、いろいろな悩みや痛み、挫折などを感じてきたと思います。そして、誰にも言えずに一人でがんばって乗り越えたこともあったでしょう。今現在、悩みを抱えて苦しい思いをされているかもしれません。でも安心してください。これだけは断言できますが、過去に何があったとしても、今から新しい人生を創造できます。過去失敗したからと言って、未来も失敗するなんて決まっていません。未来なんて誰も想像はできません。

ですが、あなたがどんな未来を創造したいのかは、あなたが決めて、そこに進んでいくチャレンジはできるわけです。ただ、これも必ずチャレンジしなければならない！　ってわけではありません。

あなたが今のままでいいと思われるのであれば、それでもよいでしょう。ただ、先に忠告しておきますが、これからも過去と同じような問題、失敗が起こる可能性があります。

なぜなら、あなたの思考が運命を創っているので、思考が変わらなければ、運命も変わらないのですから。

もちろん、絶対にうまくいくとは言えませんが、これだけは言えます。何もしないよりは、チャレンジしてみるほうが、可能性は広がります。

たまに勘違いしている人がいます。「私はチャレンジしています！　いろいろな本も読んだし、セミナーも行った、カウンセリングも受けた、ＤＶＤや教材でも勉強しています！」という方がいらっしゃいます。

残念ながら、この人の人生は変わりません。なぜなら、学ぶだけで〝実践〟していないから。もしくは〝実践した気〟でいるから。チャレンジとは、学ぶことでもなければ、学んだことをちょろっと実践してみることでもありません。よいですか？　大事なことなので、しっかりと覚えておいてください。

チャレンジとは【うまくいくまでやり続けること】なんです。

数回実践してみて、うまくいかなかった、この方法はダメだ！　ではないんです。（もちろん、ダメな方法もあるでしょうが）もし、チャレンジすることを選択するのであれば、先ほど紹介した３つの思考については、本当に実践してみてください。７日間でよいので。わずか７日間でよいのです。ここまで言っても９割の方は７日間もやらないと思います。なので、もう一度聞きます。

あなたは今からどこに進みますか？

そのために、今から何をしますか？

道中はいろんな壁が立ちはだかる

これから先、夫婦関係を構築するにしろ、新しい道を選ぶにしろ、道中にはいろいろな壁が立ちはだかるでしょう。これまで話してきた悪側思考や見ない思考、固定思考なども出てくるでしょう。それ以外にも、自分ではコントロールできないことや、本当に突発的なことだって起こるかもしれません。でも、大丈夫！

ここで３つのお札をプレゼントします。ぜひ、困難という壁が現われたらこのお札を使ってみてください。

これは、夫婦関係だけでなく、子育て、仕事、ご近所……ありとあらゆる場面で使えます。

壁が現われたら開く3つのお札

1．それは誰のせい？「Dの札」

何か問題が起きたときに、人は誰かや何かのせいにしたがります。自分が悪い、あいつが悪い、政治が悪い、景気のせい……いろいろなせいにしたがります。もちろん、それでもよいでしょう。ただ、それをしたところで、人生はよりよくなるでしょうか？　当然ですが、停滞するかもっと悪くなるかのどちらかでしょう。なので、こう考えてみてほしいのです。

・自分が悪い……

自分が悪いとよく思う人は、よくない出来事があると自分を責める傾向があります。よく自分を責める人は、自分に自信がないとか、価値がない、自分が嫌いだと思い込んでいる可能性が高いのです。ようは、自分を支える心の土台がないか、薄いということ。心の土台は、人から与えられることもありますが、基本的には自分で作らなければいけません。だからこそ、自分が悪いと思ったとき、必ずこのお札を使ってほしいのです。

それが、「あなたががんばっていたところは１つもないのか？」って質問です。もう少し簡単に言えば「自分を認めてあげる」ってこと。確かにあなたにも悪いところはあったかもしれない。だけど、がんばっていたところもあったのではないでしょうか？

あなたが悪い＝あなたの存在を全否定してしまいます。だけど、人生の創造主としてもう一度考えてほしいのです。

あなたの人生をドラマのように考えたときに……そのドラマの主役（あなた）は、全くがんばっていないのか？　人を傷付けるために、苦しめるために行動したのか？　結果はよくなかったかもしれないが、自分になりに一生懸命だったのではないのか？　まずは、〝がんばっている自分を認めるあげること〟これこそが、自分が悪い！　と思ってしまう人に考えてほしい視点です。

・相手が悪い……

相手が悪いとよく思う人は、よくない出来事があると相手を責める傾向がある。特に相手がミスをしたり、自分の意に反するものだったり、結果が望ましいものではなかったとき、問題が起こった時に、相手を責めやすいかもしれません。もちろん、これも責めるのがダメ！　って話ではありません。それでもよいのですが、残念ながらどれだけ相手を責めても、相手はあなたの思った通りには変わりません。

では、どうすれば変わるのか？　それは「相手を認める」ことをすればいいのです。

これも先ほどと同じように人生の創造主として、その出来事を見ていきましょう。

Ａさんが仕事でミスをして、自分にも損害が被ってしまったとします。このとき、多くの人はＡさんのせいにしやすく、自分は被害者だ！　とか、大変だった！　なんてことを言ってしまいます。

これでは、自分の人生の創造主ではなく、傍観者になってしまいます。傍観者になれば、自分の人生を好転させることは難しい。なので、ここで考えるのです。

「本当にＡさんが１００％悪いのか？」

「自分はこのミスを防ぐために、できたことは１つもないのか？」

自分は、自分の人生の創造主であると同時に、自分の人生において、関係があること全ての責任を取る人でもあります。どれだけ人のせいにしたところで、自分に被害はこうむるわけです。もう少し説明するために広い視点で考えてみましょう。

Ａさんがミスをして客先に迷惑をかけたとします。そして、自分にも悪い影響が出たとします。このとき、Ａさんのせいにして、ミスを改善したとしましょう。この場合、Ａさんのミスを、自分が改善させただけ。

ですが、もう少し広い視点で考えてみましょう。

Ａさんのミスは、Ａさんだけのミスではなく会社全体のミスでもあります。そして、会社のミスは、客先への信頼の低下という結果で返ってきます。会社の信頼が低下すれば、仕事の打ち切りや、業績の低下につながる可能性があります。会社全体の業績が下がったことで、自分の給料が下がったり、リストラされたとしたら、その責任は誰が取るのでしょうか？

Ａさんですか？　違いますよね。もちろん、とばっちりを受けた感じになるので、もやもやするでしょう。ですが、結果的にはすべての責任は自分が取るしかないんです。だからこそ、創造主としての考え方をしなければ、人生は好転しにくいわけです。

すなわち、Ａさんと自分という分離した考え方ではなく、自分が属する会社の仲間として考えない限り、自分の人生の創造主とは言えないのです。これは夫婦関係も同じ。

夫婦関係が悪いのは、妻のせいだと考えていたとしたら……それでもよいのですが、

「本当に妻が１００％悪いのか？」

「自分はこの関係にならないように、できたことは１つもないのか？」

たとえ、妻が浮気や不倫をしたとしても、です。浮気や不倫という出来事だけでなく、結婚してからこれまでの夫婦関係において、考えてみてください。

重要なのは、本当に妻がほしいものを与えていたかどうか、です。先ほどのＡさんと同じで、夫婦関係、家族というものに対して、あなたと妻を分離することはできません。妻はよりよい家庭を創るための仲間なのです。

そう考えない限り、自分の家庭をよりよくすることは難しいでしょう。

ここでは、相手が悪い！　と思った時には、「相手を認める」という視点で物事を見直してみてください。

・何かのせい……

何かうまくいかないことがあると、何かのせいにしやすいです。景気が悪い、会社が悪い、運が悪い、これも先ほどと同じように、人生の創造主ではなく、傍観者になっているのはわかりますか？

もちろん、全てが全てよいことしか起こらないわけではありません。自分にとって悪いことも悲しいことも起こるでしょう。しかし、それをどのように受け取るかによって、人生が好転するかどうかも変わっていくのです。

これも3つの思考と対話することで、改善していきます。

「何かが悪い」では、人生に変化は起きませんし、再び似たようなことが起こる可能性があります。なので、ぜひ何かが悪いと思った時には、3つの思考を思い出してください。

最初にプレゼントするお札は、「Dの札」（DARENO SEI）です。

誰のせい？　と考えてしまったときに使ってください。そして、それは自分の人生を傍観しているのか、創造主なのかを考えてみて、創造主だったとしたら、どうすればよりよくなるだろうか？　と考えてみてください。

２．それは真実なの？「Ｓの札」

これは見ない思考とも通じるものがありますが、目の前で起きた出来事や、誰かから聞いた話は常に「それは真実なの？」と考えてみてください。何度も言いますが、目の前で起きている出来事は真実ではありません。

たとえば、いつもは嫌味を言わない上司が、嫌味を言ってきたとしましょう。このとき、言葉だけをみると嫌味を言っているだけかもしれません。ですが、なぜ、その言葉を言うのか？　本当は、上司は何が言いたいのか？　ということを考えると、実はその奥には、あなたのことを考えての発言であったり、会社を思っての発言もあるのです。もちろん、単なる攻撃やストレスによる八つ当たりの場合もあるでしょう。ですが、そこにも背景があります。

たとえば、その上司の家庭がうまくいっていない、何か痛みを抱えている、苦しんで毎日が辛い、という状況かもしれないのです。もし、そういうことを言われて、凹んだとしても今一度考えてほしいのです。本当にあなたを傷付けるために、嫌味を言ったのか？　何か嫌なことがあったんじゃないか？　そして、余裕があったら聞いてみてください。

「上司の言葉を、○○のように受け取ったんですが、そういうことを言いたかったのでしょうか？

もし違うのなら、本当は何を伝えたかったのでしょうか？」

「何かあったんですか？」など。

もちろん、すんなりと聞けないでしょうし、答えてはくれないかもしれません。ただ、そういう意識を持つだけでも、言葉1つ、行動1つとってみても、受け取り方や感じ方が大きく変わってきます。

ということで、ここでお渡しするお札は、「Sの札」（ＳＨＩＮＪＩＴＳＵＨＡ）です。

「ネガティブな言葉を言われたり、行動をされたときには、その裏に隠された真実を想像してみる」ってことです。

3．まずは受け入れてみる「Uの札」

これも固定思考に通じるものがありますが、自分の中にある○○すべき、○○すべきではない、というものに対して、誰かがそのルールを破った場合……自分の気分が悪くなります。

たとえば、すごいスピードで走る車がを見たときに、あぶないな！　とか、非常識だ！　というふうに感じてしまうことがあります。そしてその瞬間、イライラしたり、怖くなったりして、自分の状態が悪くなる場合があります。

こういうときこそ、まずは受け入れてみるのです。僕はよく〝物事はフラット〟だと言っています。目の前で起きている出来事には意味がない、ということです。もう少し説明しましょう。

「猛スピードで走る車」というのは、出来事としてはそれだけです。しかし、大半の人は、そこに意味を付けます。猛スピードで走る車＝何かドラッグをしているんじゃないか、頭がおかしいんじゃないか、走り屋のヤンキーなんじゃないか……いろいろと意味を付けます。

そして、この意味によって自分の状態が悪くなっていくわけです。そうなんです。自分が付けた意味で、自分の状態が悪くなっているのです。そして、自分の中で受け入れられない出来事だからこそ、状態が悪くなります。

だからこそ……一度受け入れてみるのです。ようは、その出来事に対して、ＯＫを出してみるのです。猛スピードの車に対して、ＯＫを出してみる。言葉で言うと、「そういうときもあるよね。」って感じ。一度受け入れてから、意味を付けてみるわけです。そうなると、猛スピードの車に対して、

「もしかしたら、子供が病気で急いでいるのかもしれない」

「妊婦の奥さんを乗せているのかもしれない」

「宝くじが当たって、大喜びしているのかもしれない」

と、自分がスピードを出してしまうようなエピソードを考えたりするんです。

受け入れられないと、受け入れられない理由を考えます。そうすると、受け入れられない理由だから、自分の状態も悪くなりやすい。でも、受け入れると、受け入れられる理由を考えやすくなるんです。受け入れられる理由を考えると、自分の状態は悪くなりにくいってわけです。

ここで、覚えてほしいことは、あなたはあなたの思考で、自分の状態を悪くもできるし、よくもできるってことです。ということで、今回渡すお札は「Uの札です」（ＵＫＥＩＲＥＲＵ）です。イライラしたり、悲しくなったとき……その出来事を一旦「受け入れてみる」です。これは、自分がやってしまったことでもいいですし、誰か他の人がやったことでもよいです。ぜひ、お試しあれ！

ということで、ＤＳＵの３つのお札をお渡ししますので、ぜひ有効活用してみてください。

今すぐ実践できる20のテクニック

これまでの内容を見て、もしかしたら「一体何をすればいいんだ……」と思われているかもしれません。ここでは、今すぐ使える２０のテクニックについてお伝えします。ただし、これまで話した内容をしっかりと理解したうえで活用してください。

テクニックをどれだけ使っても、表面の変化なので根本は解決していません。そのため、一時的にはうまくいっているように思っても蓋を開けてみると、全く変わっていないということもありえます。

まずは、自身の根本にある〝心〟を変える。そのうえで、テクニックを使うと本当の効果を発揮します。

またテクニックだけでなく、トレーニングも載せておきます。

テクニック１　共に過ごす時間を楽しませる！

あなたと一緒にいる時間に楽しい、嬉しいと感じることで、相手はあなたと一緒にいたいと思います。当然ですが、逆にあなたと一緒にいて楽しくない辛いという場合は、一緒にいたくないですよね。では、どうすればあなたと一緒にいて楽しいと思えるのか？

これはよく勘違いする人がいますが、「相手を楽しませなきゃいけないんだろ！」と思うかもしれませんが、そんなことはありません。言葉では、楽しませようと言ってますが、相手を楽しませるために一番重要なのは、〝あなたが楽しむこと〟これが最も重要です。あなたが楽しんでいないのに、相手が楽しいなんて思いませんからね。

なので、まずはあなた自身が楽しいと思うことが重要です。そのためには、3つの思考を駆使する必要があります。悪側思考ではなく良側思考で出来事を見て、見ない思考ではなく背景を探り、固定思考ではなくより楽しめるようにこの3つができるようになれば、気分が悪くなるきっかけというものが減っていきます。

どんどん減っていけば、あなたの気分は悪くなりにくい。ということは、逆に気分がよくなりやすいのです。

今すぐ使えるかどうかはわかりませんが、ここで覚えておいてほしいのは、相手を楽しませるには、まずはあなたが楽しむことが重要ってことです。

テクニック２　感謝の気持ちを育む

感謝をしましょうというと、「あー、ありがとう、助かります。感謝してます」って言えばいいんでしょ？　と思われる方がいます。ハッキリ言って、全然違います。

そうではなく、言葉よりも感謝の気持ちが重要なんです。もう一度言いますが、言葉なんてどうでもよい。それよりも、相手への感謝の気持ちを育むことが大切なんです。

気持ちを育めば、言葉なんて自然と出てきます。なので、ここでは感謝の気持ちを育むトレーニングを紹介します。

１．相手のやっていることをできる限りやってみよう。

家事や育児を１日全て体験してみましょう。人間は一度体験しないとその大変さは実感しにくいです。そして、実感しなければ、感謝の気持ちは生まれません。

２．それが毎日延々と続くこと想像してみよう。

それを毎日繰り返すことを想像してみましょう。延々と毎日、しなければならないわけです。それを想像してみてください。そして、もし妻がいなくなったとしたら……あなたの家族が、家族として成立するかどうかを想像してみてください。

3．相手に対する感謝を具体的に書いてみよう。

実感し、想像したら、妻に感謝の言葉を具体的に詳しく伝えてみましょう。

「いつも、子育てに追われているのに、○○や○○みたいな大変なことをやり続けてくれてありがとう」というように、具体的に言えばいうほど、相手には伝わりやすくなります。逆に、「いつもありがとう」という広い言葉で言われても伝わりにくいです。（※言わないよりは全然いいです）

テクニック3　存在価値を感じさせよう

妻に存在価値を感じさせていますか？　存在価値とは簡単に言えば、〝居場所〟です。妻がそこにいることに……あなたと一緒にいることに……家庭という場所に……自分がいる意味を感じているかどうか。これがすごく大事です。もし、存在価値がなくなれば、家庭より仕事を優先させたり、浮気・不倫をしたり、あなたとの時間をとろうとしなかったり……してしまいます。存在価値を感じさせるために、次のようなことをしてみましょう。

1．小さな頼み事・お願い事を考えて軽やかに頼ってみる

頼みごとや、お願い事をしないで、常に自分でやろうとしていませんか？　こういうタイプの方は、「自立」という言葉が好きな人が多いです。そして、同時に妻にも「自立」を求める傾向がある。

自立という言葉が好きな人は、頼みごともお願い事も極力しない。そして、自立を求められると、妻は頼みごともお願い事もしずらい。そうなると、自分でやろうとがんばる。がんばるけどうまくいかない。うまくいかない自分を責めて、頼られない自分に価値を感じなくなる。そうなると、どんどん存在価値がなくなっていくわけです。

昔の僕もそうでしたが、「自立」という言葉が好きな人は、自分がやっていることにばかり注目してしまい、妻にやってもらっていることに気付きにくい。そうなると、妻に対して感謝の心が育めません。だからこそ、あえて、お願い事や頼みごとをしてみるわけです。

２．どのように助かったのか？　具体的に伝えよう

頼みごとやお願い事をするということは、感謝の心を育むチャンスになります。自分のためにやってくれた、わざわざ時間を割いて、労力をかけて、自分のためだけにやってくれたわけです。それを心から感じ、言葉に出すのです。具体的に。この積み重ねが、妻の存在価値を認めることに繋がるわけです。

３．あなたがいてくれたから……と伝えよう

存在価値とは、「あなたがいてくれることで、私はとても幸せだ」ということを伝えるのです。これまでお伝えしたことは、「してくれたこと」に対する感謝ですが、存在価値を認める感謝は、妻の存在そのものに対する感謝なんです。あなたと一緒になれて、本当に幸せだ。俺のことをわかってくれるのは、あなただけだ。あなたのおかげで、俺は全力で仕事ができる。

こういう言葉が日常的に出るようになると……どんな夫婦関係になっていると思いますか？　ぜひ、チャレンジしてみてくださいね。

テクニック４　最後まで話を聞いてあげよう

女性は、アドバイスを求めているときと、聞いてほしいだけの場合があります。アドバイスを求めているときは、「どうしたらいいと思う？」という言葉がボソッと出てきます。これが出ないときは、基本的に話を聞いてほしいだけです。

で、ここで話の聞き方も重要になってきます。テレビを見ながら、へー、ほー、という言葉を出しながらでは、妻は聞いてもらっていると感じません。そうではなく、目を見て、話している内容をオウム返し（繰り返す）ことが重要になります。ただ、ぶっちゃけ面倒くさいですよね。話を聞かなければならないという意識だと、そうなります。

なので、これを１つのチャンスと思って聞いてほしいのです。そうです。「妻を知る」チャンスなんです。今、何にストレスを抱えて、何に悩んでいて、どんな状況なのか……これがわかれば、妻はどういうことに対してストレスを感じるのか、どういう部分で悩むのか、何が許せないのか……ということがわかってきます。

逆に言えば、どういうことで喜ぶのか、何をされると嬉しいのか、どんなことを楽しいと感じるのか、ということもわかってくるのです。

あなたが結婚を決めた、一人の女性のことを、あなたはどれだけ知っていますか？

もう一度言いますが、妻の愚痴は、妻を知るチャンスでもあります。そして、妻を知れば、妻を悩ませず、ストレスを与えず、心から喜ばすこともできるのです。

テクニック５　当たり前のことを当たり前以上にやってみよう

これは、お笑いなどでは鉄則ですが、当たり前のことを当たり前にやるのではなく、多少オーバーでもよいのでやってみる。これをすると、〝笑い〟が生まれる可能性があります。

たとえば、「おはよう」を変顔でやってみたり、「おっはようございまーす！」と大きな声で言ってみたり、「おはようちゃーん！」としてみたり……たった一言の「おはよう」でさえも、たくさんの選択肢があります。

そして、どれを選ぶのかによって、相手に与える影響も変わってきます。僕は子供に対して、いつもではありませんが、大げさにおもしろく表現するようにしています。妻に対してはハグしながら、挨拶したりします。

そうすると何が起こると思いますか？ これが循環し始めます。

今度は妻がハグをしてきたり、子供たちにやり始めたり、子供が私たちにやり始めたりするんです。

そうすると、僕は朝から楽しい気分にさせてもらえるってわけです。

相手を笑わせたい、楽しませたいって思いながらすると、それは自分に返ってくる可能性が高くなります。（ウケるウケないは関係なく）

しかし、逆に何もしなければ、何も返ってきません。なので、ぜひ自分が楽しみながらオーバーなリアクションをしてみましょう。

テクニック６
とりあえず言うことを聞くのはやめよう・とりあえずキレるのはやめよう！

怒っているからと、とりあえず謝ったり……相手に伝わってもいないのに突然キレたり……そういうのはやめましょう。これ、以前の僕もやっていました。

相手が怒っていると、何に怒っているのかわからないけど、とりあえず謝っておこうという感じになったり、相手にうまく伝わらないことで、怒り出したり……していたんです。

こんなことをやっていても夫婦関係がうまくいくことはありません。なぜなら、この本の中でも伝えていますが、何に対して怒っているのかわからないと、再び同じことをしてしまうからです。

これが繰り返されると、「私のこと全然わかってくれない！」「同じことばかり繰り返す！」なんて言われ、反論して夫婦喧嘩になります。

はたまた、相手にうまく伝わらないことで怒りはじめたら、逆に相手が何に対して怒っているのかわかりません。そうなると、相手との溝が深くなってしまうわけです。

何度も言いますが、相手が何に対して怒っているのかは、背景や思いを探ってあげてください。そして、自分の感情には自分で責任をもってください。

感情に支配され怒り出すのではなく、相手に伝わる言葉で、相手が理解できる言葉で、伝わるまで話してみてください。

テクニック７　あなたの人生をエンジョイしよう

あなたは人生をエンジョイしていますか？　人生のエンジョイとはどこかに遊びに行ったりとか、何かをしたりとか、何かを得たりとか、そういう風に思われている方がいらっしゃいます。もちろん、そういうことも楽しいのですが、それ以外でも楽しむ方法はあります。

ここでは、人生をエンジョイするトレーニング法をお伝えしようと思います。

・日常のよい部分に目を向けるトレーニング

これは良側思考と同じです。良側思考は、出来事のよい側面を見ることとお伝えしました。

日常のよい部分というのは、何でもいいのです。たとえば、普段は、ほとんど意識が向かない〝天気〟。この天気のよい部分は何でしょうか？　晴れ、曇り、雨、雪、何でもよいです。これらの天気のよい面を探すわけです。

今住んでいる場所のよい面や、恵まれている環境について考えてみることもよいでしょう。これを日常から探し、習慣化するまで続けると……意識しなくても気付くことができます。当然、よい面なので、自分の状態は悪くなりにくいですよね。

人生をエンジョイするって、日々、自分が囲まれているもののよい面に気付くことでもあるわけです。

・いいことをシェアするトレーニング

よい面を見つけたら、それをどんどんシェアしていきましょう。ようは共有するってことです。しかし、だいたいの人は愚痴や悪い側面に対して共有します。もちろん、これがダメって話ではありませんが、愚痴や悪い側面を共有すると、一時的にはよい気持ちになりますが、これをやればやるほど、自分は恵まれていない、不幸だという思考を生みやすいです。そりゃそうですよね？

不幸自慢、恵まれてない自慢をしているわけです。俺ってこんなに不幸なんだぜ！　恵まれてないんだぜ！　と公言しているんですから、そういう側面を探してしまいます。だから、逆をするんです。

こんなよいことがあったよ！　こんなに恵まれてるよ！　ってことをシェアすれば、自分は幸せだ！　って思うようになりやすい。そうなれば、「自分が恵まれている」側面を見つけやすくなります。

・悪い部分のいい部分を探すトレーニング

これは自分にとって、ネガティブな出来事が起きたときに、実践するトレーニングです。ネガティブな出来事から、よい部分を探してみてください。

たとえば、お客さんからクレームを言われたのであれば、そのクレームに対して凹むのではなく、クレームの内容から、次に活かすために何ができるのか？　を考えてみたり……電車に乗り遅れたら、もしかしたら変な人が乗っていたかもしれないと想像してみたり……自分にとって、ポジティブな理由を勝手につけてみるということです。すでにお伝えしましたが、出来事に意味はありません。そこから、ポジティブに受け取るのも、何か学びにつなげるのも、自分次第ということです。

・何か目標をもって小さなことでも達成するトレーニング

小さな目標でもよいので、自分で決めて達成することをしてみてください。

あなたは自分の人生の創造主であると話しましたが、まさにこれを実感できるトレーニングでもあります。

たとえば、「会った人に笑顔で挨拶をする」という目標を決めたとしましょう。これを決めた瞬間、人と会うことで「笑顔で挨拶をする」という意識が向きます。

自分が決めたことを、自分で行動に移す、これを繰り返すと、人生をコントロールしやすくなります。

まずは、自分の人生の創造主として決めてから、行動してみてください。それを続けていけば、ありたい自分、理想の人生を歩めるようになります。

・相手の興味のあることを楽しんでみるトレーニング

これはパートナーシップにおいて、よくあることですが、パートナーの興味があることに、自分は興味がないってありませんか？　僕はこういうときに、一緒に楽しむにはどうすればよいか、って質問するんです。

どうすれば、自分は楽しめるだろう？　と自分に聞く。または、パートナーにどの部分が楽しいのか、何が楽しいのかを聞く。

たとえば買い物。我が家の場合、妻は僕に買い物を付き合ってほしいと思っています。ですが、僕の妻は、選ぶのにかなりの時間がかかるため、僕はどんどんイライラしてしまいます。なので、一緒に行っても楽しめなかったのですが、よくよく聞くと、ずっと一緒についてほしいのではなく、選ぶときにどちらがよいのかを聞きたいらしいです。で、我が家では（今は）このように決まりました。

妻がほしいものを探すときは、一人で探し、その間僕は喫茶店で、本を読んだり、仕事をしたりしています。そして、妻のほしいものがある程度絞れてから合流し、一緒に選ぶって感じです。

これだと、僕自身も本が読めたり、仕事ができるのでストレスはありません。妻もイライラした僕に気を遣わなくてもよいので、楽しんで買い物をしています。楽しんで買い物をしている妻を見て、僕自身も楽しくなるわけです。

テクニック8　自分のできることを一生懸命楽しもう

あなたの人生をエンジョイすると同時に、仕事でも、日常のことでもよいので、本気で一生懸命がんばって楽しんでください。一生懸命を楽しんでほしいのです。

自分の人生の創造主として、やらされているのではなく、自分が主体となり、自分から一生懸命楽しんでみてください。

あなたの人生をどのように創造するのか？　適当に過ごすのか？　誰かのせいにするのか？　殻に閉じこもるのか？　前を向いて理想を目指すのか？　どの選択をしてもよいでしょう。

しかし、その選択が、これからのあなたの人生を創っていくことを覚えておいてください。1年後、5年後、20年後……あなたの人生は、あなたにとってどんな人生になるでしょうか。そして、それはあなたが、今から決めることができるのです。

あなたは、今からどんな人生を創造しますか？

テクニック９　自分の至らない部分を認めよう

本当に自信のある男は自分の至らない部分を認められる人間です。

だいたいの人は、自分の至らない点を「ダメな部分」と思い、それを無理やり変えようとしたり、隠そうとします。しかし、そういうことをすればするほど、うまくいかないときにこんなことが起きてしまいます。

無理やり変えようとする人は、うまくいかない自分を責めたり、失敗した相手を責める可能性があります。

隠そうとする人は、相手のせいにしやすくなりますし、見栄を張ったり、プライドが高くなったりします。

しかし、至らない点があることを認めた瞬間……見栄もプライドも取り去った、ありのままの自分に対して、自信を持てるようになります。

そして、至らない点も自分の魅力の一つだと認識した上で、行動ができるようになります。至らない自分を認めることは、至らない点を持った他者を認めることにも繋がります。

妻に対してもそれができると、妻の至らない点も受け入れられますし、それができるからこそ、妻もあなたを受け入れてくれます。これこそが、至らない2人が「支え合う」ことにつながるのです。自分の至らない部分を、無理に変えても隠してもいいことはない。自分の至らない部分は認めて頼ればいい。本当の強さとは「自分の弱さを認められる」強さなのかもしれません。

テクニック10　「あなた」と「私」と「私たち」の協力の秘訣

あなたの家庭では、私（夫）とあなた（妻）と私たち（夫婦）をどのように意識していますか？

夫婦関係が悪い家庭でよくあるのは、「少しぐらい家事を手伝ってよ！」「俺だって仕事で忙しいんだよ！」というやり取り。

このとき、何が起こっているのかというと、私VSあなた、です。ようは、1対1の戦いになります。ですが、ここで「私たち」という視点で考えてみます。

「私たち」はどのような家庭を創りたいのか？　ってことです。これがないと、手段の戦いが起こります。

掃除するVSしない

皿洗いするＶＳしない
セックスするＶＳしない
という感じで。

たぶん、夫婦喧嘩のほとんどがこのような戦いだと思います。

言い方がキツイ！　とか、困ってるのに気付いてよ！　とか、いろいろなＶＳが起きているんです。

ここで意識してほしいのは、先ほどもお伝えした「私たち」です。

私たちは、どんな家庭を創りたいのか？　そこに進むためには、お互いの悩みや苦しんでいること、助けてほしいことなどを対話する必要があります。

ですが、２人でどんな家庭を創りたいのか？　が決まっていないと、どうやってそこに進むのか、問題をどう解決するのかが話し合えないのです。

たとえば、先ほどの「少しぐらい家事を手伝ってよ！」は、一見、家事を手伝ってほしいと言っていますが、その根底にある不満は見えません。

たとえば、料理を作るのはよいけど、メニューを考えるのが苦痛だったり、がんばりを認めて欲しかったり、近くにいて欲しかったり……いろいろな理由があります。だからこそ、対話をするんです。

しかし、先ほどの、私ＶＳあなたの場合は、どっちがどれだけやってる、という言い合いになりかねません。だから、私たちが創る家庭、進む先の未来を意識する必要があるんです。

「少しぐらい家事を手伝ってよ！」と言われたとしたら、たとえばこう考えます。私たちが進みたいのは、○○だけど、何を言いたいのかがうまくわからない。それは家事を手伝うだけで解決するのか、何かほかに不満があるのか、教えてほしい。

もちろん、これでうまくいく！　ってわけではありませんが、この考え方は意識しておいてください。

「私」「あなた」ではなく「私たち」です。

テクニック11　気持に感謝し手段は聞かなくてもいい

以前、僕はタバコを吸っていました。

妻から「少しぐらいタバコを減らしなよ！」と言われたときに、うるせーなー！　と思っていました。何度も言われるので、ブチ切れて文句を言って夫婦喧嘩になったことが多々ありました。

ここで妻の心理を聞いてみると、匂いが嫌だ、とかお金がかかるという理由の他に……、僕の体の心配をしてくれているというのもわかったのです。

「体の心配」をしてくれている、この部分は汲み取れるようになった方がよいです。だからといって、無理にタバコを止めなければならないってわけではありません。逆に無理に止めると、ストレスになり、お前がうるせーからやめようと思ってるのに！　みたいな感じで、相手のせいにしやすくなり、再び夫婦喧嘩をしてしまうので。ただし、一緒に生活をするわけですから、お互いが寄り添う形を目指した方が、よいとは思います。ぜひ、先ほどもお伝えした「私たち」という視点で一度考えてみてください。

テクニック12　相手に伝わる言葉で説明しよう

これは子供に対してよくやりがちです。

実際に、僕も長男が小学5年生の頃、友達と遊びに行くときに、6時までには帰ってこないとだめだよって約束をしました。そして、この約束をやぶった時に、「どうして時間通り帰ってこないんだ！」とキレていたんです。でもこれだと、その瞬間は「怒られるから早く帰ろう」と思いますが、数日経てば忘れてしまいます。

ここで、僕は伝え方を変えました。

「あなたのことが大事だから、事故や怪我をして欲しくない。でも、あなたが時間通り帰ってこないと、事故したんじゃないか！　とか考えて、すごく心配になる」と伝えるんです。

自分のことが大事だから言ってくれていると、相手に感じてもらうわけです。

これを感じさせない場合、相手からしたら単なるストレスでしかありません。だから反発したり、約束をやぶっても何とも思わなくなったり、言うことを聞かなくなるんです。

あなたも考えてほしいのですが、どういう人の言うことなら、真剣に耳を傾けますか？

力で抑えつけてくる人？　それとも大切に思ってくれている人？

テクニック13　とにかくまずは受け入れてみよう

この本の中でもお伝えしていますが、あなたの目の前には、いろいろな出来事が起こります。当然ですが、よいことも悪いことも。よいことはすんなり受け入れられますが、悪いことは受け入れられないことが多いでしょう。それは仕方ないです。

ただ、それでもあえて受け入れてみてください。受け入れるとは、「ＯＫ」を出すということです。受け入れられない出来事って、あんなことをするのはおかしい！　間違ってる！　許せない！　なんて感じてしまいがちです。

でも、そこを一旦「ＯＫ」にしてみるのです。ＯＫにした後、考えてみる。たとえば、あれはおかしい！　と考えていたことを、あれはおかしくないと考える。そして、次になぜなら……と続けて考えるのです。

そうすると、あら不思議、おかしくない理由が頭の中に浮かんできますので、ぜひ一度お試しあれ！

テクニック14　ねぎらおう

相手がやってくれたことをねぎらおう。

たとえば、妻が買い物に行ったとしましょう。

そのときの流れである、化粧して、着替えて、出掛ける準備をして、車を運転して（または徒歩で）、商品を探して、重い荷物を持って帰り、片付けて……という一連の流れを想像するのです。そして、その行動に対して、ねぎらうのです。

重そうな荷物を買ってきたら、荷物が重くて大変だったね、いつもありがとう。という感じで。

買い物に行った、という結果だけを見るとその間の苦労が見えません。そこを見るように想像するんです。

そうすると、感謝の気持ちが湧いてくる。感謝の気持ちが湧いてきたら、感謝の言葉を言いたくなります。

この積み重ねが夫婦円満へとつながるわけです。

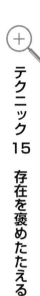

テクニック15　存在を褒めたたえる

よく男は称賛されたがるが女性は賛美をほしがっていると言われています。簡単に言えば、称賛は、言葉で褒めたたえることで、賛美は、存在を褒めたたえることです。

あなたも考えてほしいのですが、妻から言葉で褒められるのって嬉しくないですか？

僕は、笑顔でいつもありがとう！　とか、仕事で成果を出したときに、すごいね！　とか、簡単なメッセージなんですが、これをもらえると嬉しかったりします。

他には自分が好きなものを褒められたり、興味があることを褒められたり……では女性はどうなのか？

と言われると、存在を褒めることが重要です。

具体的にはどうすればよいのかというと、当然、妻にもよるので、これが正解！　ってわけではありませんが……

うちの場合は、今のところ「大切にされたい」んじゃないか？　と思っています。これが正解かどうかはわかりません。ですが、妻はお姫様のように扱ってほしいのだと感じています。

ただし、何から何までやってあげるってわけではありません。どちらが何を責任もってしっかりとするのか？　っていう分担はしっかりするけど、サポートは当然するよって姿勢。もう少し言い方を変えると、主体をどちらに置くかって感じです。その上で、お姫様のように扱うんです。

今の僕は、〝相手の全てを受け入れる〟ということを実践しています。相手の提案、相手の要望、相手の選択……基本的にはすべて、です。

もちろん、全てが全てうまくいくわけではありませんが、結局、３つの思考と対話をすれば、ここに行きつくような気がします。

テクニック16　妻の話をしっかり聞いて自分の主張をいう

話し合いをする場合、話し合いの前からすでに結論ありきで会話することがあります。こちらが正しくて、そちらが間違っているというような状態です。こういう状態だと、いきなり否定や批判したり、途中でキレるから会話は成立しなくなるわけです。そして、どんどん会話がなくなっていき関係は悪くなる一方に……。

一度、自分の主張は置いておいて、しっかり相手の話を最後まで聞いてみてください。そうすると、基本的には、目指すゴールや思いは似ているが、手段が違うだけという場合がほとんどなんです。

ですが、最後まで聞かないと、どうしてそういうことを言っているのか、どこに向かっているのか、何を得たいのか、ということがわからないのです。わからなければ、話し合いなんて無理ですよね。

だから、まずは最後まで、妻は何が言いたいのかをしっかりと聞くことが大事です。そして、その後で、自分の思いを伝えるのです。これができれば、会話での対立はほとんど起こらないでしょう。

テクニック17　家族のことに意識を向けよう！

妻は毎日、やることがたくさんあります。夫は妻が毎日どんなことをしているか理解しているでしょうか？　ちょっとしたことかもしれませんが、「しなければならない」ことが盛りたくさんなのです。

たとえば……朝起きて、朝ごはんを作る。もちろん、そのためにはメニューを考え、材料を買ってこなければいけません。部屋の掃除をする。これも単なる掃除ではなく、まずは散らばっているものを片付けて、掃除機をかけ、人によっては拭き掃除も……

シャンプー、リンスの詰め替えや、トイレットペーパー、食器洗剤や洗濯洗剤、子供たちの服や下着、支払いや、送らなきゃいけないもの……、そして、昼ごはんや、夜ご飯のこともすべて一人で考えて、材料を用意し、作り、片付けて……はっきりと言いますが、これでさえほんの一部なんです。

妻はこれ以上のことを、ほぼ毎日意識して過ごしているわけです。何も考えなくてよい時間などほぼ存在しません。そこで……この「しなければならない」ことに意識を向けてみてください。

一体妻は、どんなことを毎日意識しているのか？　自分が気付いていないところで、どれだけのことをしてくれているのか……ここにまずは気付く必要がある。これに気付けると、妻がどれだけのことを一人で回しているのかがわかるようになります。

はっきりと言いますが、めちゃくちゃ大変ですよ。ましてや、妻のタイプにもよりますが完璧にこなそうとか、よい母、よい妻になろうとがんばる人ほど、たくさんのことに意識を向けています。ですので、ぜひ1つでもよいので意識を向けてあげてみてください。

シャンプーやリンスが少なくなったら、入れ替える。なかったら買ってくる。それだけでも妻を助けることになります。それを1つずつ増やしてみてください。

そんなん妻の仕事でしょ？　ではなく、あなたが助けてあげるのです。だってあなたと結婚して、辛い、苦しいって味あわせたくないでしょ？

もし、俺も苦しいんだからお前も苦しめ！　という思考なら、何も言えませんが、その先にある未来は……わかりますよね？

テクニック18　怒りを笑いに変えてみよう！

怒りを感じたときに、どんな反応をしていますか？

論破しますか？　黙りますか？　無視？　物にあたる？　怒鳴る？

たぶん、人によって違う反応をするでしょう。ここで、1つ考えてほしいことがあります。この反応をしたときに、相手は何を感じるのか？　です。

論破されると、逃げ道がなくなり自分を責めてしまい、最終的にはヒスを起こすかもしれません。黙ったり、無視すると、相手は話を聞いてもらえてないと思って、会話が減っていくかもしれません。物にあたったり、怒鳴ると、恐怖を感じ、あなたたに関わろうとしなくなるかもしれません。これらの反応は、夫婦関係を壊す大きな要因にもなります。

では、怒りを感じるなって言いたいのか！　と思われるかもしれませんが、そうではありません。

〝喜怒哀楽〟は、人間が必ず感じる感情であり、必要な感情です。（これを感じにくい人は、ネガティブな感情を無理やり押し殺してきた可能性があります）怒りを感じるのはよいのですが、そのあとの反応をどうするのか？　これが重要になってきます。

僕の場合、いろいろなパターンを笑いに変えるよう、先に用意しておきます。要領は、お笑いに似ているかもしれません。こういう会話になったら、こうボケるとか、こうツッコむというパターンを作っておくのです。

喧嘩に発展する会話のパターンって、だいたい一緒ではないですか？　たとえば、「あなたのせいだ」というような言葉を言われたら……「あーそうか！　俺が悪いんだな、そうかそうか、産まれてきてごめんなさい！」みたいな反応とか……ほんとすぐ怒る！　というようなことを言われたら……「いやいやいや、産まれてから怒った事ないし」とか。

これはおもしろい、おもしろくないはどちらでも関係ありません。

「怒り」を表に出すか、裏に隠すかという選択ではなく、それ以外の選択を探して試していくことが、よりよい関係を作るきっかけにもなります。

表に出して怒り狂うか、裏に隠してがまんするのではなく、怒りを笑いに変えてみてください。

テクニック19　怒りを出した後は、素直に謝ろう！

人間は怒ります。これは当たり前のことです。ただし、その後が本当に肝心なんです。

だいたいの方は、怒ったあと、そのまま放置です。ですが、放置してしまうと心の中に〝しこり〟を作ってしまいます。このしこりというのは、あなたの「怒り」に対する、「理由」を妻が勝手に作ってしまうんです。

たとえば、「少しぐらい家事やって！」と言われ、「俺だってやってるだろ！」というような言い合いが起きたとしたら……妻は、「この人は私のことを助けてくれない人だ」「どうでもいいんだ」「自分のことばかり優先する人なんだ」……などなど、夫が怒った理由を、決めつけてしまう。

そして、いつの間にか「言ってもわかってくれない」「どうせ話しても怒るだろう」「こんな話をしたら、また怒られるかもしれない」という〝しこり〟が心の中に芽生えてしまい、話さなくなったり、距離を置いてしまう可能性が高い。だからこそ、怒った後でもよいので、きちんと自分の思いを伝えることが必須になるのです。

ただし、もし怒ったとしたら、感情的になり暴言を吐いたり、怖い思いをさせて妻を傷付けている可能性があります。なので、まずはそのことを謝るのです。本来は、暴言を吐く必要も、怖い思いをさせる必要もないですからね。大切な人を傷付けたことに対して、謝ることが大切です。そして、その後で、自分の思いを話すのです。

たとえば、「家事を全然やってないって言われているようで、責められていると思ってしまった」という感じですね。

この本でも話しているように、妻はあなたを責めたいわけでもないし、傷付けたいわけでもありません。そうではなく、苦しいこと、しんどいことを知ってほしいわけです。その上で、もっと自分に意識を向けてほしい、助けてほしいと思っているのです。

怒ってしまった後でよいので、謝り、自分の思いを伝え、相手の思いも聞く。ぜひ、このような対応を心がけてみてください。

テクニック20　不安や喜びを共有しよう！

あなたは、妻に仕事の不安や、喜びを共有していますか？　もしかしたら、話しても聞いてくれない、意見を言われるから話してない……と言われるかもしれません。他にも〝仕事のことを家に持ち込まない〟というルールを持っているかもしれません。

ですが、妻はあなたの家族です。もう少し言い方を変えると、「同じ船に乗っている仲間」なわけです。船長であるあなたの状態や、向かう未来を妻に伝えていなければ……妻はあなたのことを知ることができません。わからなければ、あなたの行動や、言動に対して、漠然とした不安やいらない心配をしてしまう可能性があるのです。事細かに伝える必要はありませんが、同じ船の船員として、力を貸してもらうつもりで、伝えてみてください。で、よくやってしまうのが、愚痴や不満を話すのですが、これはあまりよい結果は生みません。

絶対にだめ！　というわけではありませんが、そればかりだと妻が会社に対して悪い印象を持ってしまいます。悪い印象を持ってしまえば、当然ですが出張や飲み会、付き合いのゴルフなどによい顔をしない可能性があります。

家事や育児でがんばっている妻が、「私は夫を支えている！」と感じさせる必要があるのです。そのためには、愚痴よりも、会社や部下、上司に対して、よい面をどんどん伝えてみてください。会社の仕事や人間関係に不安がある場合も素直に伝えてみてください。
※ただし、妻との関係がよくないと、「そんなんで仕事大丈夫なの！　仕事がうまくいかないと、私たちはどうなるの！　ちょっとあんまり適当に考えないで！」なんてことを言われてしまうかもしれません。ですので、まずは2人の関係性をよくしてからチャレンジしてみてくださいね。

最後に……とっておきのプレゼント！

～あなたが幸せにしてもらう？　それともする？　～

最後になりましたが、いかがでしたでしょうか？

この本で僕が言いたいのは……あなたは一生懸命がんばってきた！　でも、夫婦関係が悪い場合、がんばる方向が少しズレているかもしれません。そして、妻も妻なりにがんばっているってことです。それが、お互い見えなくなってしまっているわけです。だから、見えるようにしようぜ！　って話なんです。

あなたは悪くない！　と同時に妻も悪くない！　人間同士がわかりあうプロセスというものが間違っていただけなんです。今からでも遅くありません。人生あと何十年あるかわかりませんが、せっかくの1度きりの人生です。自分の人生の創造主として、もっとあがいてよい感情も、汚い感情も感じて、目の前のことに全力で取り組んでみてください。必ず、あなたの人生とあなたの周りの人の人生は、キラキラと輝くものになりますから！　心から応援しています！

そして、ここで僕からとっておきのプレゼントがあります。この本で書ききれなかったことをレポートとしてプレゼントしたいと思っています。ぜひ、僕のブログである「夫婦道」（http://jyosui.com）からメルマガに登録してみてください。最初の1通目でレポートをプレゼントしています。もし、1、2通読んでちょっと違うかな？　と思ったらすぐに解除できますのでご安心くださいね。

メルマガでは、ここでは書ききれなかった浮気、不倫を改善するための音声をプレゼントしていたり、問題（浮気、不倫、別居、離婚、借金、ＤＶなど）が起こる原理原則を解説したレポートもプレゼントしていますので、ぜひじっくりと読んでみてください。他にも、子供との関係改善や仕事の人間関係、自身の親との関係など、ありとあらゆる人間関係の悩みを乗り越えるヒントが盛りだくさんになっています。

メルマガの中では、有料の教材も紹介していますが、ご自身にとって必要だと思う場合のみ参加してみてください。あなたがパートナーだけでなく、すべての人間関係に対する悩みを乗り越え、幸せな日々を過ごされることを心から応援しています！

第 3 部

妻の読むページ

あなたはすでにがんばりすぎているっ！

あなたは夫や子供のために家事や育児を一生懸命してきたのではないでしょうか？　さらに、働いて夫のサポートもしているかもしれませんね。

一生懸命苦手な料理を作り、楽しくもない掃除に追われ、毎日べったりな子供と一緒に過ごす日々……それでもよい母親、よい妻になろうと、がんばってきたと思います。でも……夫からは認められず、家事や育児はやるのが当たり前で、まるでメイドかのような扱い。しまいにはやりもしないのに、家事や育児にも口を出してくる。

話を聞いてもらいたいけど、テレビやスマホのゲームに夢中な夫。家事や育児をお願いしても、嫌々手伝われ、「やってやった感」が満載。会話になれば喧嘩になるから、どんどん会話もなくなる。お互い笑って過ごした日はいつのことやら……。そんな家庭に嫌気が差し、ママ友と集まっては愚痴大会。しまいには、旦那さんのことを「ＡＴＭ」なんて呼んで、スッキリする日々……。

もしかしたら、好きな人ができて、浮気・不倫をしてしまったかもしれません。それを夫にばれて、怒り狂われ離婚を宣言されたか、浮気をやめるよう懇願されたかもしれません。もう疲れ果て、別居、離婚をしたい、夫に大切にされないのならば、もう離れたほうがよいんじゃないか、と思うこともあったかもしれません。

ですが、同時に心の中では、本当は何とかしたい、このままではいけないと思われているかもしれません。

でも、安心してください。この本を読み終えたときには、夫があなただけを心から大切にし、認めてくれる……。家に帰れば、いつも笑顔で溢れ、楽しそうに日々を過ごしている……。たとえ食事や掃除で手を抜いても、文句どころか「いつも本当におつかれさま、ありがとね」と心からねぎらってくれる。そんな夫にする方法が理解できているでしょう。

幸せにしてほしい！　は不幸の始まり

よく、女性たちが集まり、「幸せにしてほしいよねぇ～」なんて言葉が聞こえてきたりします。しかし、これは「私の思い通りの幸せを与えなければならない」という意味でもあります。

ですが、夫はあなたが何に幸せを感じるのかわかりませんよね？

いや、私の王子様ならわかってくれる！　何も言わなくても、男は女を幸せにするべきだし、それぐらいわかってほしいわ！　……それはいつの時代も女性が夢見ることかもしれません。

では逆に、どんな女性が幸せにしてもらえると思いますか？

自分よりも美しい姫に嫉妬をし、毒リンゴを食べさせるような魔女にほれ込み、この人を幸せにしたい！　と思ってもらえるでしょうか？　それとも、家事や育児を完璧にこなせる姫でしょうか？

すべて「ハズレ」です。

答えは、夫自身が、「妻を幸せにできている」と実感できる人なんです。

もちろん、家事や育児は大事です。でも、家事や育児を完璧にこなせば、夫はあなたと一緒にいてハッピー！　って思うのか？　というとそれは違いますよね。もっと言えば、家事や育児をこなせるからあなたと一緒にいるパートナーってどうなのって個人的には思いますし。

では、何をもって、夫は妻を幸せにできているって感じるのでしょうか？

家事や育児が完璧なら、子供がいれば、毎日不安なく過ごせていれば、夫は幸せにできていると感じられるのかっていうとそうではないんです。幸せは「○○があれば感じられる」というモノが必要なものではなく、「楽しいとか嬉しいとかを感じる心」があるから感じられるのです。

そして、それが〝あなたと一緒だから感じられる〟ものでなければ、意味がありませんよね。

家事や育児が完璧だとしても、あなたと一緒にいて「楽しくないし、嬉しくない」のであれば、それは幸せにできているとは言えませんよね。幸せってのは、〝感情〟で感じるものであり、あなたと共にいるから感じられるものである必要があるんです。

ここを勘違いしているから、幸せにしてもらえないし、2人の関係もどんどん悪くなっていくんです。

では、もう少し具体的に、なぜ2人の関係が悪くなるのかを説明していきましょう。

どうして関係は壊れていくのか？

なぜ、今の夫婦関係になってしまったのか？　あなたは理解しているでしょうか？

もしかしたら、夫が話を聞かないからだ！　認めてくれないからだ！　セックスを拒むからだ！

家事や育児を手伝ってくれないからだ！　稼ぎが少ないせいだ！　とか、自分のせいでこうなってしまった。私は男を不幸にする女なんだ。なんてことを思っているかもしれません。

ですが、すべて違います。

その理由は今から説明しますが、これは、夫に幸せにしてもらうために、必ず理解しなければなりません。

あなたも仕事で問題が起こったときに「何が原因でこの問題が起こったのか？」を探すことでしょう。なぜなら、問題の原因がわかっていない場合……同じような問題が起こる可能性が高くなるからです。夫婦関係についても同じことが言えます。

まずは今の夫婦関係になった理由がわからなければ、どうすれば幸せにしてもらえるのかが理解できないのです。そして、似たような夫婦喧嘩はこれからも繰り返し起こり、夫はいつまでたっても同じことをあなたに言い続けてきます。

では、一体どうして今の夫婦関係になってしまったのか？　ここをお伝えしていきたいと思います。

幸せにしてもらえる妻、してもらえない妻

それでは、もう少し教えてください。あなたにとって、幸せにしてもらえる妻としてもらえない妻の【違い】って何だと思います？

「そんなことは、わかりきっています。すべては〝夫〟です。夫が妻を幸せにできるような人間であればよいんです」という声が聞こえてきそうですが、少し考えてみてください。

幸せにしてもらえる妻って、

・毎日イライラして
・無表情
・笑顔もなく
・「いつも私ばっかり！」が口癖で

・ため息が多く
・愚痴ばかり言って
・子供にもガミガミして
・○○さんの旦那さんはよいわよね～なんて言って
・もっと稼いでこい！　とか
・休みの日ぐらい家族と一緒に過ごしてよ！
と言うような、妻でしょうか？
それとも、
・毎日ニコニコして
・笑顔で溢れ
・いつもありがとう！　が口癖で
・人のよいところばかり言って
・子供にもニコニコして
・夫を心から褒めて
・あなたがいてくれるだけで幸せ！
と言っているような妻でしょうか？

どちらが正しいとか、どちらが間違っているという話をしたいのではありません。あなたにとって、どちらが幸せにしてもらう妻だと思いますか？　って話です。

たぶん「後者です」という声が多いと思います。それでは、現在のあなたはどちらの妻に近いですか？「夫がそうさせてくれないのよ！　私だって笑顔で毎日を過ごしたい！　もっと尊敬して、心から褒めたい！　でも、夫のせいで笑顔になれないし、尊敬もできないから褒められないの！」という意見もあるでしょう。

でも、ご安心ください。この本を読み終えたときに、あなたは夫から幸せにしてもらう妻に変身していることでしょう。

幸せにしてもらえる妻が夫に与えるもの

幸せにしてもらえる妻と幸せにしてもらえない妻は、目に見えない、たくさんのモノを夫に与えています。ただし、与えているモノは、それぞれ違うもの。そして、この違いが、幸せにしてもらえるのか、してもらえないのかを分かつのです。

では、一体何を与えているのか。それが、ポジティブな感情か、ネガティブな感情かの２つ。

幸せにしてもらう妻が常にポジティブな感情を与えているのではありませんし、幸せにしてもらえない妻が、ネガティブな感情ばかり与えているわけでもありませんが、どちらの割合が多いかということです。1日の中で、夫にポジティブな感情をより多く与えていると幸せにしてもらえますし、ネガティブな感情をより多く与えていると、幸せにしてもらえません。

ここでまた「夫がネガティブな感情を与えてくるんだから仕方ないじゃない！」という声が聞こえてきそうですね。まぁ、それはおいておいて、まずは……幸せにしてもらえる妻は、ポジティブな感情を……幸せにしてもらえない妻は、ネガティブな感情を……夫に与えている割合が高いってことを覚えておいてください。

幸せにしてもらえない妻の特徴

幸せにしてもらえない妻には、ある特徴があります。

それは「幸せにしてもらって当然」という考え方を持っている妻です。これは、自覚している人もそうでない人もいます。たとえば、この質問に答えてみてください。

Q. 夫は妻（家族）を助けるべきだ
Q. 夫は妻（家族）に対して優しくすべきだ
Q. 夫は妻（家族）を養うべきだ

この中に1つでもYESがあれば、「幸せにしてもらって当然」という考え方が根底にある可能性が高いです。これがダメって話ではないのですが、この考え方が、実は「夫にネガティブな感情を与える」きっかけになってしまう。これを説明していきたいと思います。

〝幸せにしてもらうのが当然〟の問題点

幸せにしてもらうのが当然だと思っていると、一体どんな弊害があるでしょうか。

これはものすごくシンプルなんですが、〝感謝〟ができなくなります。なぜなら、幸せにしてもらうのが当然なんですから。

夫なりに、
・妻のために行動しても

・気遣いしても
・優しくしても
・大切にしても……
すべてが「やってくれて当然」と受け取る可能性が高いです。

もし、「そんなことはありません。私は心から感謝しています！」という方がいらっしゃれば、お聞きしたいことがあります。

夫が稼いできたお金を使うときに、いつもではないかもしれませんが、夫の姿が思い浮かぶでしょうか？　ふと、今の暮らしができているのは、夫のおかげだと感じることはあるでしょうか？　夫の優しさや、気遣いは、自分のことを考えてくれているからだと気付いているでしょうか？　そして、それを感謝の言葉として、夫に伝えているでしょうか？

幸せにしてもらうのは当然と思ってしまうと、こういったことに気付けない妻になってしまいます。

気付けなければ、感謝はできません。

はたまた、気付いたとしても「私の方ががんばっている！」みたいな思考が浮かんできて、感謝の言葉や態度が薄れてしまいます。感謝ができなければ、当然ですが、相手からも感謝されません。

「私ばっかり！」「俺だってがんばってる！」

こんなやり取りが、会話をしなくなるか、別居、離婚するまで永遠に繰り返されるわけです。

あなたはどんな妻でありたいのか？

あなたに思い出してほしいことがあります。夫婦関係が良かった頃を。どんな表情で、どんな会話をしていたでしょうか？　笑顔が多く、毎日が楽しかったのではないでしょうか。でも、いつの間にか夫婦喧嘩が増え、会話がなくなってしまった……もし、あのときのよい関係に戻れるとしたら……そこに戻りたいですか？

「いや、もう無理です」「夫が変わらないんだから戻れませんよ」「相手がおかしい性格だから無理ですよ」「もうあきらめています」……もちろん、それでもよいでしょう。

しかし、あと数十年の人生を、その関係で過ごしたいのですか？

笑顔で溢れ、いつもニコニコしていて、家族や周りの人たちから愛されるような、夫からは「あなたと結婚できて本当に良かった！」と言われ、子供たちからは「お母さんの子供で本当に嬉しい！」と言われるような……そんな魅力的な女性に変われるとしたら、あなたはどちらを選ぶでしょうか。

どんな自分でありたいのか？　は自分で選ぶことができるのです。

今から幸せにしてもらう妻になるために

では今から、魅力的な、幸せにしてもらい、愛される女になるために、一体何をすればいいのか？を説明してきますね。

これは、先ほどもお伝えしたので勘のよい人は気付いているかもしれませんが、簡単に言えば、「ポジティブな感情を与えればよい」ってことになります。

では、ポジティブな感情って何？　となりますが、すごーく簡単に言えば、〝あなた自身が幸せになる〟だけです。あなたが毎日、ご機嫌に楽しく過ごせば、それがポジティブな感情として、夫に与えられます。そうなると夫が幸せにしてくれるわけです。

？？？……という状態かもしれませんが、読み進めてみてください。今はまだ理解しなくてもよいです。

ポジティブな感情を与える

「あなたが幸せになれば、ポジティブな感情を与えられます」と話しました。では、自分が幸せになるためには、どうすればいいの？　どうすれば、幸せになれるの？　夫は不幸ばかりを与えてくるのに、それでも幸せになれるの？　と思われたかもしれません。

ではこれから、あなたが今よりもっと魅力的になり、幸せにしてもらい、心から愛されるような女になるために、どうすればよいのか？　という話をしていこうと思います。

2つのセンサー

人間には2つのセンサーが存在します。1つは、幸せセンサー、もう1つが、不幸センサー。

幸せセンサーは目の前の出来事のよい側面を見つけるのが得意なセンサーで、不幸センサーは目の前の出来事の悪い側面を見つけるのが得意なセンサーです。このセンサーは、全ての人間が持っていて、どちらを動かすかで、人生の幸福度というものが変わってきます。

不幸センサーばかりが働いている人の口癖はこんな感じ。

「運が悪い」
「何かよいことないかな」
「私ばっかり」
「私は幸せになれない」
「不幸なことばかり起こる」

こんなことを、言ったり、感じたりしています。

逆に幸せセンサーが働いている人は、

「幸せだな～」
「よいことばっかり」
「運がよい」

こんな言葉を言ったり、感じたりしています。
さあ、あなたはどちらの言葉をより多く使っているでしょうか?

関係が悪い夫婦は不幸センサーがフル活動している

関係が悪い夫婦、いわゆる幸せにしてもらえない妻は、不幸センサーをバリバリにフル活動している方が多いです。

夫のダメなところ
気持ち悪いところ
嫌なところ
腹が立つところ
おかしいところ
小心者なところ

気遣いがないところ……

いろいろな〝ダメ〟な側面ばかりを見つけてしまいます。こういうところを見つけてしまうと、当然ですが、妻の気分が悪くなる。気分が悪くなれば、イライラしたり、無表情になったり、グチグチ、ガミガミ言ったりしてしまう。そうなれば、お互いにとって〝家庭〟は、嫌な場所になる。帰ればイライラして、無表情の妻がグチグチ、ガミガミ言ってくる。夫は居場所がなくなり、家にいる時間がどんどん少なくなる。家に帰ってこないことで、さらに妻はイライラして、グチグチ、ガミガミ言ってしまう。

そして、さらに帰ってこなくなり、浮気や不倫、別居、離婚に発展する……または、妻自身が浮気や不倫に走ってしまう……なんて悪循環になる可能性があるのです。

関係がよい夫婦は幸せセンサーがフル活動している

逆に関係がよい夫婦というのは、幸せセンサーがフル活動しています。

そうなると、

夫のすばらしいところ
感謝できるところ
心優しいところ
がんばっているところ
気遣い……

いろいろな自分に向けられている〝愛〟に気付くことができます。こういうところに気付けると、嬉しくなり、笑顔が増え、機嫌がよくなる。そうなれば、お互いにとって〝家庭〟は、好きな場所になる。

帰ればニコニコして、笑顔の妻が感謝の言葉や、今日あった楽しかったこと、嬉しかったことを言ってくる。

夫はここが居場所だと感じ、家にいる時間がどんどん増える。一緒にいる時間が増えれば増えるほど、2人の関係はどんどんよくなっていく。このような好循環になるわけです。

幸せセンサーを動かすために

それでは、今現在、不幸センサーを働かせている人は、幸せセンサーを働かすことはできないのか？　不幸センサーは死ぬまでフル活動し続けるのか？　と言われればそんなことはありません。

ここで断言しますが、どんな状況だろうと、どんな性格だろうと、どんな環境で育とうと、誰であろうと……幸せセンサーをフル活動させることは可能です。

ただし、１つだけ注意が必要です。それが〝習慣化させること〟です。習慣化させなければ、幸せセンサーは働かないと思ってください。

なぜなら今現在、不幸センサーがバリバリ働く人は、そういう習慣が身についています。なので、幸せセンサーを働かせたとしても、それを自分の意思で続けないと、従来の習慣（不幸センサーのフル活動）に戻ってしまいます。ダイエットと一緒です。だからもしかしたら、そんなに簡単ではないかもしれません。でも、ここで考えてみてほしいのです。

もし、出来事のよい面が見られる習慣が手に入ったとしたら？　何か目の前で起こったことに対して、瞬時によい面ばかりが目に入るようになったとしたら？　あなたは、どんな日常を過ごしているでしょうか？

そして、あなたが理想としている日常は、どちらのセンサーをフル活動させているでしょうか？

幸せセンサーをフル活動させる方法は、後でじっくりと説明しますので、焦らず読み進めてください。

ありのままの自分で

ありのーままのーすがたみせぇーるーのよーなんて歌が流行りましたが、そもそもありのままって何でしょうか？　今のままのあなたでしょうか？

答えは〝NO〟です。

一言で説明するのが難しいのですが、〝ありのままの自分〟とは、「統一された自分」です。統一された自分？　はぁ〜〜〜何言ってんの？　と思われたかもしれませんね。

この先を読めば理解できますので、じっくりとお読みください。それでは、さらに深く入っていきましょー！

ネガティブ＝悪

だいたいの人は、自分が持っているネガティブな部分を嫌います。それは内面的な部分だけではなく、外見的な部分も。

たとえば内面的な部分だと、人の目ばかりを気にする性格が嫌、物を溜めてしまう性格を変えたい、言いたいことが言えない自分が嫌い……。外見だと、シワが嫌、目が嫌い、鼻の形が気に食わない、あごのラインが変……なんて具合に。

確かに、すべての人間にはネガティブな部分はあります。ですが、自分のネガティブな部分に対して、ここが嫌、ここがおかしい、ここが間違っていると思うことは……自分で自分を傷付けているのと同じです。と、同時に、似たようなものを他者に要求している可能性があります。

具体的にお伝えしましょう。たとえば、家事が完璧な女性がいたとしましょう。掃除、料理などを完璧にこなす。掃除も念入りに何度もするし、料理も手の込んだものばかり。アイロンは毎回必ずかけ、臭いにも敏感。もしかしたら、一見すばらしいと思われるかもしれません。

ですが、こういう場合は問題がいろいろなところに出てくる可能性が高いです。

たとえば、家事を完璧にこなそうとすればするほど、自分の時間がなくなり、イライラしやすくなったり……他の人の家に行ったときに、部屋のほこりが気になったり……お店の料理や買ってきた食べ物にケチをつけたり……しまいには、夫が手伝ってくれる家事に対して、自分と同じレベルを求めたり……こんなことが起こり得ます。

そうなると、どんな問題が起こると思いますか?

まず、この女性は心が休まる暇がなくなり、毎日イライラしやすくなり、笑顔がなくなり、他者に対して厳しくなっていき、どんどん人は離れていく……それもこれも、すべて〝ネガティブ＝悪〟という考え方を持っているために起こり得ることなんです。

この家事を完璧にこなす女性の場合は、自身が持っているネガティブな性格に対して、嫌いとか悪いと感じているため……それを隠すために、目に見えるものをポジティブに持っていこうとするのです。

ようは、自分に自信がないから、家事を完璧にこなして、目に見える形で不足を補っている感じです。

ネガティブVSポジティブ

「ネガティブ＝悪」とか嫌なものと考える人は、当然ですが、「ポジティブ＝善」とかよいものと考えがちです。この考え方をすると、ネガティブVSポジティブという戦いが、いつも自分の中で起こっています。これはときに、自分の中から飛び出して、

夫のネガティブVS妻のポジティブ
子供のネガティブVS妻のポジティブ

という戦いも起こさせます。自分のネガティブが許せないわけですから、他者のネガティブも同じように許せません。特に近い関係になればなるほど……。

事例をお話ししましょう。

仕事に真面目な人がいたとします。この人は、仕事中に私語をしませんし、手を抜くことも許せません。こうなると……仕事中に私語をする人や、手を抜く人に嫌悪感を抱きます。当然、自分自身は私語や手を抜くことをネガティブ＝悪と思っているのでやりません。そうなると……仕事って楽しくなると思いますか？

ただ、そういう性格がダメだ！　って話をしているのではありません。たとえば、結果を出すことを求めている会社があったとします。そうなると、仕事の目的は、結果を出すことですよね。

ということは、結果を出してさえいれば、私語をしようが、手を抜こうがOKなわけです。でも仕事は真面目にすべき！　という人は、そういう人が許せません。そして、がまんできなくなり、「少しは真面目にしたら！」と言うことで、「いえ、結果出してますんで」なんて反論される。

これがまさしく、ネガティブVSポジティブの戦いを生んでしまうのです。戦いが生まれれば、怒りや悩み、ストレス、痛みになります。その結果、ネガティブな感情を感じやすくなり……毎日が辛くなってしまう可能性があるわけです。

ネガティブ&ポジティブ

戦いを起こさないためにはどうすればよいのか？　それが、ネガティブ&ポジティブという考え方です。

そもそも、自分のネガティブな部分に対して、NGを出しているわけです。これは簡単に言えば、自分の右腕が嫌いだからと言って、切り取ろうとしているのです。

もちろん、よりよく改善はできるかもしれない。でも、ほとんどの人は、ネガティブを真逆に変えようとしたり、排除しようとします。だからこそ、戦いが起こる。

そうではなく、ネガティブもポジティブも自分の一部であるという考え方が重要になるのです。ネガティブだろうが、ポジティブだろうが、自分にとっては〝愛すべき大切な自分〟なわけです。自分をいくら排除しようとしてもできるわけがない。だって自分だもん。

一番大切なのは、誰かに認めてもらうことではなく自分が自分を認めてあげること。誰かに褒めてもらうことではなく自分が自分を褒めること。これが重要なんです。

失敗したら、よくがんばったよ！　うまくいかなかったら、そんなときもあるよ！　成功したら、すごいじゃん、自分！　と応援してあげるのです。

〝ありのままの自分〟とは、自分のネガティブな部分とポジティブな部分を〝統一〟させること。すなわち、今の自分のすべてを受け入れ、人生を一緒に進む最も大切な仲間になることです。よい、悪いではなく、それが自分。


間違えることもあるよね。

失敗もするよね。

卑怯なところもあるよね。

適当なところもあるよね。

素晴らしいとこもあるよね。

優しいよね。明るいよね。

たまに調子に乗っちゃうよね。

ダメなことをしたいときあるよね。

そんなすばらしい特徴を持った自分なわけです。

これをすべて受け入れられたとき、「ありのままの自分」として、自分自身を認識し始めるでしょう。頭ではなんとなくわかった。では、どうやって、今の自分を受け入れられるのか……これも後でお話ししますので、お楽しみに！

夫の力を引き出す

夫に愛される妻は、知らず知らずのうちに、夫の力を引き出すことをしています。それによって、夫の仕事が成功したり、人間関係の悩み、問題などが解決したりします。すなわち、「あげまん」と言われる女性がまさにこれです。

誰でも「あげまん」になれます。夫の力を引き出し、さらに力を与える存在になれれば、夫はあなた以外に考えられません。それでは、夫の力を引き出すにはどうすればよいのかお伝えしていきましょう。

力を奪う妻と、力を引き出す妻

夫の力を引き出すために……一体何をすればいいでしょうか？

この話をする前に、力を奪う妻と力を引き出す妻の違いについてお話しします。

力を奪う妻は、基本的には、夫の仕事に対する考え方や、行動に対してネガティブな感情しか与えません。

たとえば、夫が今の状況や、人間関係について話していたとしたら、

・○○した方がいい
・それはやめた方がよい
・何でそんなことするの？
・そんなことするから○○になるのよ

と、夫の状況や環境も知らないのに、あたかも自分が正しいかのように意見しがちです。または、ふーん、私にはわからないわ～となり、話を聞いてなかったり、他人事のように会話したり……。これでは、夫はだんだん仕事の話をしなくなります。そして自分一人で抱え、妻の知らないところで悩んでいる可能性が高くなります。

一方、夫の力を引き出す妻は、夫が仕事の話をしてきたときに、自分のことのように話を聞きます。そして、意見はしません。（求められたときだけ、意見します）

話をしっかりと聞いているので、夫の今の状況や環境を知っています。誰がどんな人で、どういう関係で、一体何が起こっているのかまで把握しています。そして、全力で夫を信じ、応援します。

さて、この場合……どちらの妻が、夫から必要と思われるでしょうか？　どちらの妻が、夫の仕事のやる気を削ぐでしょうか？

2人の妻の未来

先ほどお伝えした2人の妻ですが、結果的に、どちらの妻が理想の人生に近付くでしょうか？

何度も言いますが、どちらがよいとか悪いという話ではありません。あなたが欲しいものは何ですか？

そして……どっちの妻が、5年先、10年先を見据えたときに、欲しいものを手に入れているでしょうか？

だいたいの方は、目先のことばかりに囚われます。飲みに行くことに文句を言い、ゴルフに行くことに文句を言い、出張や残業に文句を言い……。

転職に文句を言い、給料やボーナスの少なさに文句を言う。しまいには仕事の内容にまで文句を言う。

さぁ、これを言い続けたとして、5年先、10年先は一体どうなっているでしょうか？　はたして今の行動は、自分のハッピーにつながるのでしょうか？　ここをぜひ想像してみてほしいのです。

今の言動を続けることで、5年後……いや1年後でもよいですが、理想の人生に近付けているのでしょうか？

文句を言っちゃだめ！　って話をしたいのではありません。家事や育児で自分が大変なときに、何もしない夫に対して文句の一つも言いたいでしょう。言ってもよいと思います。ただ、自覚はしておいた方がよいと思います。

今この瞬間に発した言葉や起こした行動が未来を創るのです。

がまんしなさいと言いたいのではありません。そうではなく、まずは今の自分の言葉や行動がどこに繋がるのかは、理解しておいた方がよいというお話しです。

力を引き出し、愛される妻になるには

夫の力を引き出し、愛される妻になるにはどうすればよいのか？　これは最初の方でも話しました

が、あなた自身が〝幸せである状態〟を作ればすべてが解決します。

そして、あなたが〝幸せである状態〟になれば、夫にポジティブな感情を与えまくることができます。それが好循環として関係は良好になっていくわけです。夫をどれだけ変えようとしても、決してうまくはいきません。あなたが変わるしか方法はないのです。

なぜなら、あなたの人生だから。夫はあなたを幸せにするために、生まれてきたのではないし、あなたを幸せにするために結婚したのではありません。

確かに、あなたを幸せにしたい！　と口に出したかもしれません。ですが、夫が苦しんでいたり、痛みを感じているのに、妻を幸せになんてできるわけがありません。それは、逆もしかり。

妻が幸せでないのに、夫や家族を幸せになどできないのです。ですので、これは絶対に覚えておいてください。あなたがあなたの人生をよりよくすれば、あなたの周りの人の人生もよりよくなるのです。

残念ながら、幸せにしてもらうために、相手が変わるのを待ち続けることは、宝くじに当たるぐらいの確率でしょう。それを何十年も待ち続けてもよいでしょう。ですが、自分を変える方が圧倒的に時間はかからないので、お勧めです。ぜひ自分自身を変え、〝幸せである状態〟を習慣化させてみてください。その方法は、これからわかっていきます。

夫に力を与え、愛される妻になるために

それでは早速、夫に力を与え、愛される妻になってもらおうと思いますが……その前に、あなたの中にある「３人の女」を理解してもらう必要があります。

これまで、ありのままの自分になれば夫婦関係はうまくいく！　というようなことを伝えました。ですが、実は、ありのままの自分になろうとする道中には、必ずこの３人の女が何度も現れてきます。そして、この「３人の女」と折り合いをつけなければ、ありのままの自分にはなれません。それでは、あなたがまだ気付いていない３人の女について紹介します。

３人の女とは？

この３人の女とは一体どんな女なのか？

そして、それぞれの女が、どのような特徴を持っていて、自分の人生にどのように影響しているのかを説明していきたいと思います。

1．悲劇のヒロイン

悲劇のヒロインとは、何かの出来事や誰かの言動に対して、悪い側面ばかりを見つけてしまう女です。

具体的にいえば、レストランの料理や店員さんの対応、ホテルの部屋、他には友達の服のセンスや、同僚の仕事の仕方、考え方やその人の行動について……ありとあらゆるところで、悲劇のヒロインが出てきます。

例えば、レストランの料理にケチを付けたり、スタッフの対応にケチを付けたり、旅館の部屋や施設のケチを付けたり……そして、当然ですがこの女は、あなたの夫に対しても出現します。

「助けてくれない」「稼ぎが足りない」「出張が多い」「子供の世話をしない」「人としておかしい」などなど、たくさんの悪い側面を見つけ……〝私は不幸な可哀そうな女〟を演出するわけです。

その結果、悪い側面が見えたら、なんて私は不幸なんだ、なんて男に捕まったんだ、結婚前と違う！騙された！　なんて思ってしまう……そして、それを言葉に出したり、態度に出したりすることで、夫婦喧嘩へと発展してしまうのです。

ただし、勘違いして欲しくないのですが、この女がダメなのではありません。なぜなら、「自分はなんて不幸なんだ！」と思うことで、自分以外の他者に原因を押し付けられるからです。よいか悪いかは別にして、これをしている限り、自分が傷付かなくなります。つまり、この女は自分が傷付かないように、自分を助けている側面も持っているのです。このまま、この女を自分の中に居続けさせることもよいでしょう。ですが、よく考えてみてください。この女が自分の中にいるということは、「自分で自分を不幸にしている」ということでもあります。

何度も言いますがこの女がダメなのではなく、そういう特徴を持っていることをここでは覚えておいてください。この特徴はどのように創造され、夫との関係を改善するにはどう活用すればいいのかは後で説明します。

2. 井の中のメスガエル

井の中のメスガエルとは、何かの出来事や誰かの言葉、行動から、勝手に考えて自分の中で判断する女のことです。何かの出来事を見たときに、あの人はおかしい！　とか、そんな行動するのは間違ってる！　と判断してしまうこと。これをしてしまうと、相手の思いもわからずに否定や拒絶をしてしまう可能性があります。たとえば、ある窃盗犯がいたとしましょう。

行動だけを見ると窃盗は犯罪なのでダメなことですが、背景（思い）を知ると、共感できたり、許してあげたいと思う場合もあります。

「妹が何も食べてなくて死にそうで、パンを盗んでしまった……」という事情があったかもしれないのです。

もちろん、全ての人が「なんてかわいそうなんだ！　パンを買ってあげよう」なんて反応をするかどうかはわかりませんが、単なる窃盗犯と言われるよりも、そこに背景（思い）が付け加えられると、自分自身が感じる感情も変わってくるのです。


だいたいの人は、この背景（思い）を見ようとせず、表面的な言葉や行動で、相手を判断してしまいがちです。ですが、一人一人には、その言葉や行動に至った背景（思い）があるわけです。

特にネガティブな出来事に対して、背景（思い）を知ろうとしなければ……その人との距離が離れ、溝ができ、関係はどんどん薄くなるか悪くなっていくでしょう。

そして、これも当然、夫に対しても行われます。たとえば、夫がイライラしていたら、自分がかけた言葉がダメだったのか？　とか、自分に不満があるのかな？　と思い込んだり、夫がセックスを断ったら自分のことなんて興味がないのかもとか思ったりする可能性があります。

でも、そこにも夫の思いがあるわけです。何か、あなたの言葉がきっかけでセックスを断り出したのかもしれない。または、何かうまくいかなくてイライラしているだけかもしれない。

それを知ろうとせずに、自分の中で勝手に判断してしまうから、「俺のことをわかってくれない！」なんてことを言われ、再び夫婦喧嘩に発展してしまう可能性があるわけです。ただし、このメスガエルもダメなわけではありません。とりあえずこちらもそういう特徴を持っていると覚えておけば大丈夫です。

３．支配する女

支配する女とは、〇〇すべき！　〇〇はすべきではない！　という考え方です。これは別の言い方で「正しさ」とも言っています。すべての人間には、〇〇すべき！　〇〇はすべきではない！　という固定概念を持っています。

たとえば、浮気や不倫はすべきではない！　とか、妻なら家事は完璧にこなすべき！　夫は一家の大黒柱として、仕事をがんばるべき！　とか……いろいろな〇〇すべき、〇〇すべきではない、を持っています。

たとえば、夫は家族を養うべき！　という考え方だと、夫の稼ぎが自分の思った額より少ないと、給料はもっと増えないの？　ボーナスは何でないの？　私が働かないと生活できないじゃない！　なんて考え始める可能性があります。

夫は家族を養うべき！　という正しさがあるから、その基準より低いと不安になってしまうんです。

そして、夫は夫なりに一生懸命働いていたとしても、「働いている」ことには感謝せずに、足りない部分を夫にぶつけるわけです。当然、ぶつかってしまいますよね。

このぶつかり合いが何度も起こると、「話しても無駄」「自分のことをわかろうとしてくれない」「結局は自分のことばかり」……とお互いが感じてしまい、会話も少なくなっていきますし、一緒に過ごす時間も少なくなっていきます。

これも他の2人の女と同じで、特にダメって話ではなく、そんな特徴を持っていることを覚えておいてください。

3人の女が創られた原因

この3人の女は、一体どうやって創られたのでしょうか？　そもそも生まれたときに存在していたのか？　それともいつの間にか創られたのか？　先に結論を言いますが、3人の女が創られたのは、あなたがこれまで生きてきた経験がベースになっています。

育った環境や親との関係、学校での友達との関係、人から聞いた話、学んだこと、ありとあらゆる経験から、この3人の女が創られます。

たとえば、いじめられた経験を持つと、人に対して本当の自分が出しにくかったり、育てられ方にもよりますが、長女だと自立を重視する考え方を持っていたり……いろいろな立場やおかれた環境、人間関係などにより、同じ世界に住みながらも一人一人が個々の世界観を持っているのです。あなたにもありますし、あなたの夫にもあります。その世界観の違いから、すれ違いが起こり夫婦喧嘩になり、会話がなくなり関係は少しずつ壊れていく……。

ですが、世界観が違うのは当たり前なんです。育った環境も、経験してきたことも違うからです。（同じ環境で育った姉妹でさえ、それぞれに違いがありますよね？）

この話を聞いて、もしかしたら「近い世界観の人もいたよ」と思われたかもしれません。確かに、近い世界観の人はいると思います。ですが、関係が深くなればなるほど、距離が近くなればなるほど、一緒に過ごす時間が長くなればなるほど、違いというものは浮き彫りになります。そして、結婚や妊娠、出産など環境が変われば、さらに違いは出てくるのです。

話がそれましたが、ここでは、３人の女というものは、育ってきた環境によって創られたものということを覚えておいてください。

これらの女は、人によって出てくる場面は変わります。たとえば、自分にとっては、あの人のあの行動は正しい！　と思う出来事があったとしましょう。ですが、違う立場の人によっては、あれは間違ってる！　という意見もあるわけです。この違いが対立を生み、職場なら人間関係が悪くなったり、夫婦なら夫婦喧嘩に発展したりします。ですが、何度も言いますが、違うのは当たり前なんです。

では、どうすればいいのでしょう。そこについては、この次でお伝えします。

3人の女と対話をする方法

ありのままの自分になるためには、3人の女と対話をする必要があると前述しました。なぜ、ありのままの自分になるために、これらの女と対話をしなければならないのか？　そもそも、3人の女との対話とは何なのか？　について説明していきたいと思います。

3人の女が出てきたときに問題が起きます。

たとえば、悲劇のヒロインが動き出すと、悪い側面ばかりを見つけてしまうので、夫のがんばりや愛情、気遣いなどに気付けない可能性があります。

ネガティブな井の中のメスガエルが現われると、表面の出来事ばかりに囚われてしまい、物事の本質が見抜けなくなります。そうなると、あの人はこういう人だというレッテルを貼った状態から抜け出せなくなり、人間関係の悩みを抱えてしまう可能性があります。

支配する女が現われると、○○すべき！　とか○○すべきではない！　という1つの選択肢しか取れなくなります。１つの選択しか取れない人同士が議論するので、１対１の戦いが起こってしまい、平行線のまま、関係だけが壊れていきます。

だからこそ、この女たちと対話をすることが重要になるのです。それでは、ありのままの自分になるために、３人の女と対話していきましょう。

1．悲劇のヒロインとの対話

悲劇のヒロインを僕は「不幸センサー」と「幸せセンサー」という言葉で説明しています。

不幸センサーは、自分が不幸になる側面ばかりを見つけるセンサーで、幸せセンサーは、自分が幸せになる側面ばかりを見つけるセンサーです。

不幸センサーが悲劇のヒロインが出てくるきっかけになります。夫婦関係が悪い人たちや、人生が不幸だと嘆いている人たちの多くは、この不幸センサーをバリバリに働かせています。物事の不幸な側面、自分が不幸だと感じる側面を見つける天才になっています。

そのため、何か目の前で出来事が起こると、あえて自分の気分を害する、不幸な側面を見つけてしまうのです。そうなると、当然、自分の周りには不幸ばかり！　と思ってしまうので悲劇のヒロインとなってしまうわけです。

これが夫に対しても働いてしまうのです。夫に対して働いてしまうと、何かをやってくれたとしても、ダメな部分や至らない部分が気になる可能性があります。

そうなると、その部分を指摘したり、不機嫌な態度をとってしまう。しかも、夫がやってくれた思いに気付けなくなり、「感謝」ができなくなります。やってもらったことよりも、至らない部分が気になるので、〝心から〟の感謝ができないのです。

うわべだけでは、「ありがとう」とか「感謝してます」と言えます。でも、残念ながら〝心から〟言わないと、相手には伝わらないのです。ここでは、下記の質問に対してじっくりと自分と対話してみてください。

・夫の存在や、やってくれていることを当たり前だと思っていませんか？
・夫のミスやダメなところではなく、すばらしいところやあなたに対する愛情、気遣いに気付いていますか？
・夫にうわべではなく心から感謝できていますか？

もし、すべてYESなら、たぶんあなたの家庭はうまくいっているでしょう。もしうまくいっていない場合は、それらはうわべだけかもしれません。

心から感謝を感じているでしょうか？　ジーンと心が温かくなるような感じを、愛おしいと思うような感情を感じていますか？

感謝の言葉とは、〝感謝を感じる〟からこそ伝えられるのであって、〇〇してもらったからありがとう、と頭で理解して言うことではないんです。もちろん、言わないよりはマシですが、感謝を感じられる自分であることの方が、さらに関係はよくなるでしょう。

また、ＮＯがあれば、それを改善するためのトレーニング方法を後でお伝えしますね。

２．井の中のメスガエルとの対話

井の中のメスガエルは、人間関係の悩みや妬みを抱えるきっかけになる可能性が高いです。なぜなら、目の前の出来事に対して勝手に悪い方向に想像して思い込んでしまうからです。特にネガティブな反応をされたときには、ほぼ確実と言っていいほど相手に対してネガティブな反応をしやすいです。

たとえば、自分の発言や行動が原因なんじゃないか？　嫌われたらどうしよう？　なんとか改善しなければ！　という感じで、考え始め……結果的に悩み始めるんです。

そして、再びネガティブな反応があれば、やっぱりあの人は私のことが嫌いなんだ！　なんて結論に結び付き、もう仕事辞める！　とか部署変えてもらう！　あの人とは一緒にやりたくない！　なんて結論になるかもしれません。では、この状態から抜け出すにはどうすればよいのか？

それが、下記の質問をすることです。

「本当にそれは真実なのか？」

多くの人は、相手の言動、センスや持ち物などで、その人となりを決め付けやすいです。ですが、本当のところは誰にもわかりません。どんな思いがあって、その行動をしたのか？　何を考えて、何を思ってそれを言ったのか？　当人しかわからないのです。

なので、何かを思ったとき、この質問を繰り返し、自身と対話してあげてください。

・本当にそうなのか？　真実なのか？
・それは、相手が言っていたのか？

もし、NOならその思い込みは、必ずしも当たりではないということです。ただ、相手が言っていたとしても、絶対に鵜呑みにはしないことをおススメします。なぜなら、その言葉や行動には必ず背景（理由）があります。

言葉を発するということは何かを感じたり、思ったからこそ、その言葉を発したんだと思います。また、行動を起こしたのも、何かを感じたり、思ったからこそ、その行動をしたんだと思います。

相手の思いは、うわべの言葉や行動だけでは計り知れないぐらい深いのです。なので、相手の言葉や行動がわかりやすいものだったとしても、安易に思い込まないほうがよいと思います。相手は愛情を持って伝えていたのに、勝手に思い込んで、その人を嫌いになったなんてことも起こり得ますからね。

３．支配する女との対話

支配する女から抜け出すのは、至難の技です。なぜなら、支配する女は、何十年もかけて自分の脳みそを支配しているからです。

たとえば、子供は大学に行くべきだ！　と思っていたとしましょう。この状態の場合、「子供に大学を行かせること」が当たり前であり、真逆の選択（大学に行かなくてもいい）は取れない状態です。「子供は大学に行かせるべき！」と思っていると、〝子供の思い〟よりも、大学に行くべきという〝自分の思い〟を優先させてしまいます。そうなると、子供が大学に行く必要性や、どうなりたいかすらわかっていないのに勉強をさせることになりかねません。

子供からすれば、自身がやりたい！　必要だ！　と感じていないにも関わらず、無理やりやらせるわけですから、当然ストレスが溜まります。その結果、反抗したり、外でストレスを発散したりしやすいのです。ひどくなると、家庭内暴力や万引き、ひきこもり、家出、いじめなど、いろいろなことが起こりやすくなります。

これは１つの例ですが、私たちは気付いていないうちに、たくさんの○○すべき、を持っています。

夫は家族を養うべき！　子供には痛みを与えてもわからせるべき！　妻は家事や育児を完璧にこなすべき！　……いろいろな〇〇すべき、〇〇はすべきではないが、自身を疲弊させ、夫を疲弊させ、子供を疲弊させていくのです。そして、関係を壊し、家族が壊れていく可能性が高まります。

今回、3人の女についてお伝えしましたが、この3人は全く違うものではなく、すべては自身の「認知」によるものです。認知とは、子供を認知するとかの認知ではなく、心理学上の認知になります。

もう少し説明しましょう。心理学での認知は、wikipediaによると……「人間などが外界にある対象を知覚した上で、それらがなんであるかを判断したり、解釈したりする過程のことをいう」とありますが、簡単に言えば、個々が持っている解釈の仕方です。認知は人それぞれ違います。

たとえば、

温度……ある人は熱いと言い、ある人はぬるいと言う。

大きさ……ある人は大きいと言い、ある人は小さいと言う。

音……ある人はうるさいと言い、ある人は聞こえにくいと言う。

結婚……ある人は幸せだと言い、ある人は墓場だと言う。

宗教……ある人は胡散臭いと言い、ある人は救われたと言う。

その人が持っている意味や感じ方、考え方すべてが認知になります。

目の前で起きた出来事に対して、解釈の仕方が人それぞれ違うのですが、この解釈をするときに、3人の女が現われ、自分にポジティブな影響を与えたり、ネガティブな影響を与えたりするわけです。

夫婦関係を変える方法

3人の女と対話し、関係を改善させるには、トレーニング次第でなんとでもなります。

先ほども説明しましたが、この3人の女は、自身が生まれ育った環境で創られたものです。創られたということは、変えることもできるのです。「いや、もうこれは性格だから無理じゃないんですか?」と言われるかもしれません。ですが、僕の好きな言葉をご紹介します。


思考に気をつけなさい、それはいつか言葉になるから。

言葉に気をつけなさい、それはいつか行動になるから。

行動に気を付けなさい、それはいつか習慣になるから。

習慣に気を付けなさい、それはいつか性格になるから。

性格に気を付けなさい、それはいつか運命になるから。

僕や僕のプログラムを受講している方たちも実感していますが、この一番初めの「思考」が変われば、先ほど話した「認知」が変わります。もう少し言えば、出来事の受け取り方（認知）が変われば、その後に発する言葉や行動も変わるということです。その結果……性格や運命さえも変わってしまうということです。

この話をすると、たまに性格なんて変わらない！　人生なんて変わらない！　自分なんて変えられない！　と言う人がいます。その考え方でもよいと思います。ですが、今一度考えてみてほしいのです。その考え方をあと30年40年と持ち続けることと、性格や人生、自分さえも変わるかどうかはわからないけど、チャレンジしてみようと思ってチャレンジしてみることでは、どちらが、理想の夫婦関係、理想の人生に近付けると思いますか？

この選択は〝あなたが〟選ぶことができます。僕としては、今からお伝えするトレーニングにチャレンジしてみてほしいです。トレーニングを積み重ねていくと、思考が少しずつ変わっていくことはお約束しますので。

トレーニング方法

それではトレーニング方法について説明していきたいと思います。ただ、1つだけ注意してほしいことがあります。これをやったからと言って、すぐに思考が変わるわけではありません。何十年もかけて今の思考になったのです。それを変えようとするわけですから、時間はかかります。

ただ、ご安心ください。思考を変えることが何十年もかかるわけでもありません。早ければ、数日～数週間で思考の違いに気付けると思います。ぜひ、試してみてください。

トレーニング法を公開！

1．脱「悲劇のヒロイン」トレーニング方法

悲劇のヒロインは、出来事の悪い部分を見つけることだとお伝えしました。

出来事の悪い部分を見つけることをしてきたからこそ、この習慣が身に着いたのです。この習慣が身に着くと、出来事に対して悪い側面ばかりを見つけてしまうので、よい気分にはなりにくい。よい気分やポジティブな感情を感じられないと、「やっぱり自分は不幸だ」「今日もよいことがなかった」なんてことを考えてしまう。そう考えれば考えるほど、不幸な側面や悪い側面を探し始める。

そして再び……やっぱり不幸だ……今日もよいことがない……このループにはまってしまう。どうすればこのループから抜け出し、人生を好転させることができるのか?

それは「喜劇のヒロイン」がしている習慣を身につければいいのです。毎日次のどれかの質問に答えてみてください。

Q. 今から24時間以内にあった嬉しかったこと、感謝できること、楽しかったことを答えてください。

Q. あなたの夫や子供がいてくれることで、助かっていること、癒されること、感謝できることを答えてください。

これを最初は意識的にします。そして繰り返していくことで、習慣化されるってわけです。まずは、自分の目につくところにこの質問を貼ってみてください。(携帯の待ち受けにしてもよいでしょう)

喜劇のヒロインとなり、よいところばかりが見つけられる習慣が身につけば、なんて自分は幸せなんだ！　と心から感じられるようになるでしょう。

2. 脱「井の中のメスガエル」トレーニング方法

井の中のメスガエルとは、起きた出来事から、自分の勝手な想像をして、思い込んでいく思考です。たとえば、子供が万引きをした場合、万引きしたことばかりに囚われ、万引きしたことに対して叱り、怒りや悲しみをぶつけてしまいます。それでは、真実はわかりませんし、子供は再び似たようなことをするかもしれません。怒りや悲しみをぶつける前に、ものすごく大事なことをする必要があります。一体何があって、万引きをするに至ったのか？　という子供の心を探ることです。万引きをする人は、基本的に品物が欲しいわけではありません。

・生きる意味を見つけるために、ドキドキ、ハラハラしたい、刺激が欲しい
・自分に注目してほしい、達成感を感じたい
・仲間から認められたい、仲間はずれにされたくない

などなど、万引きをする背景には、さまざまな理由があるわけです。この背景を知らずして、真実

は見えてきません。同様に夫が発した言葉や、起こした行動も、夫の心を探らない限りその本当の理由はわからないのです。


自分勝手に思い込んでしまう習慣から脱却するには、ＳＴＥＰが２つあります。

それが、

ＳＴＥＰ１．出来事から判断しようとする自分に気付く
ＳＴＥＰ２．一体何があったのかを質問する
ＳＴＥＰ３．相手がそれをしなければならない最悪な理由を想像する。
（※３つ目のＳＴＥＰは、ＳＴＥＰ２の質問ができない場合です）

これを試してみてください。

まずはＳＴＥＰ１が超重要です。これができれば、だいたいできるようになると思います。

なぜなら、ほとんどの方は、出来事から判断しようとしている〝自分〟に気付けません。なので、いきなり気付けってのは無理があるので、一日の終わりにでもよいので、出来事から判断した場面はなかったか？を考えてみてください。そして、それを見つけたら、ＳＴＥＰ３をやってみてください。

３．脱「支配する女」トレーニング方法

支配する女とは、◯◯すべき！　◯◯すべきではない！　という思考でしたね。

たとえば、ご飯は残さず食べるべき！　という考え方を持っていたとします。そうすると、自分の状態よりもご飯を残さないことを優先させてしまいます。自分のお腹が一杯だったとしてもがんばって食べようとします。その結果……お腹を壊したり、戻したり、体調が悪くなるなんてことも起こり得ます。

これだけならいいのですが、さらに夫や子供にも強要する可能性があります。そうすると、夫や子供のお腹の満腹度よりも、残さず食べるべき！　という思考が勝つので、無理やり食べさせてしまうわけです。食べるまでその場から離れるな！　なんてことを言っちゃったりします。

それがダメってわけではありませんが、２つだけ考えてほしいことがあるんです。

１．あなたはどんな家庭を創りたいのか？
２．子供にはどうなってほしいのか？

１．あなたはどんな家庭を創りたいのか？

食事を残さず食べるべき！　という思考が働いてしまうと、食事が楽しくない場になってしまう可

能性があります。もちろん、しつけは大事ですが、そのしつけは少し置いておいて、あなたは家族とどんな食事を取りたいですか？　ピリピリしながら食べる食事？　皆が笑いながら食べる食事？

2．子供にはどうなってほしいのか？
食事を残さない子供になってほしいと思うのはわかります。（僕もそうだったので）ですが、僕は食事を残すか残さないかよりも、自分が食べられる量を把握できる人になってほしいと思っています。

結局は、自分で食べられる量がわからない、もしくは親が子供に何も聞かずに用意するから残してしまうのです。だから、我が家の場合は、子供にどれぐらい食べられそうかを聞きます。あんまり食べられそうにない場合は量を少なくしますし、たくさん食べられる場合は、普通の量で、おかわりしてねと言います。僕はご飯を残すか残さないかよりも、ご飯の量や食べられるもの、食べられないものを自分で言える子になってほしいと思っています。

ということで、トレーニングです。

これは3つのSTEPで進めていきます。

STEP1．自分が持っている◯◯すべき、◯◯すべきではないを探す
STEP2．これが見つかったら、その思考を持つことのメリット、デメリットを書く

ＳＴＥＰ３．自分が理想としている家庭を想像したときに、その思考は持ち続けることがよいのか？
変える方がよいのか？　をメリット、デメリットから判断する

この３つのＳＴＥＰを試してみてください。

いかに習慣化できるかがカギ

３つの思考に対するトレーニング方法をお伝えしてきました。これは1回だけやればいいのではなく、いかに習慣化できるのかがカギになってきます。結局今のあなたは、悲劇のヒロイン、井の中のメスガエル、支配する女、がガンガン出てくるように習慣化されているわけです。

つまり、出来事の悪い側面ばかりが見えてしまい、よい側面が見えにくい。目の前で起きた出来事に対して、自分の想像だけで判断し、ネガティブな結論を出してしまう。○○すべき、○○すべきではないという自分の正しさを優先させ、本当はどうしたいのか？　という心の声が聞こえない……といった状態です。

だから、今から逆の習慣を手に入れるわけです。一度想像してみてください。すべての思考が逆転

したとしたら……どんな夫婦関係になっているでしょうか？　子供とはどんな関係でしょうか？　どのように仕事をこなし、部下や上司とはどんな関わり合いを持っているでしょうか？

これは実践した人たちは驚くのですが、夫婦関係、子供との関係、上司や部下、親との関係などな ど……ありとあらゆる人間関係の悩みが本当に解決し、人生が好転していくんです。ぜひ、習慣化できるまで、実践してほしいと思います。

目的を達成する自分になる

さぁ、ここから夫婦関係を改善するうえで必要な考え方についてもう少し学んでもらえればと思います。まず、ものすごく初歩的ですが、すんごい大事なことから話します。もしかしたら、あなた自身の人生の考え方すら変えてしまうかもしれません。もちろん、夫婦関係だけでなく、あなたの周りの人を幸せにしてしまう女性になれるかもしれません。

ぜひ、最後までじっくりと読んでみてくださいね。

人生の創造主

ここであなたに質問があります。それは、あなたの人生は、誰が決めているのか？　って話です。

どうでしょう？　誰があなたの人生をここまで創り上げてきたのでしょうか？　あなたの親でしょうか？　兄弟？　友人？　夫？

確かに、あなたの人生に影響を与えた人たちはたくさんいるかもしれません。ですが、ここで真実を言います。

あなたの人生は、あなたが創り上げているのです。

はぁ？　んな当たり前のことを今更いうなっ！　と思われたかもしれませんね。ですが、残念ながらこの自覚を持っている人はメチャクチャ少ないです。あなたは、あなたの人生における神様なんです。あなたの人生をどのように創造するかは、神であるあなたに選択権があるんです。

もちろん、全てが全て思うようになるわけではありません。人生の半ばでゲームオーバーになるかもしれません。大きな困難が立ちはだかるかもしれません。

ただ、ゲームオーバーになるまでにどんな人生を創造するのか、困難が立ちはだかったときに、どう攻略するのかは、あなた自身が選べるわけです。まずは、これを覚えておいてください。理解はしなくてもよいので、頭の片隅に置いておいてください。

あなたは今からどこに進むのか？

あなたは自分の人生の創造主だという話をしました。だとしたら……今この瞬間からどこに向かうのかもあなたが選べます。夫と向き合い、夫婦円満の道に進むのか？　他の男性と新しい人生を創造するのか？

それはどちらでもよいでしょう。あなたの人生ですし、あなたが決めることができるので。

これまでの道は、いろいろと大変だったのではないでしょうか。うまくいかない夫婦関係、仕事場での人間関係の悩み、ご近所さんとの付き合い、いろいろな悩みや痛み、挫折など感じてきたと思います。誰にも言えずに一人でがんばって乗り越えたこともあったでしょう。今現在、悩みを抱えて苦しい思いをされているかもしれません。でも安心してください。これだけは断言できます。過去何があったとしても、今から新しい人生を創造できます。過去失敗したからと言って、未来も失敗するなんて決まっていません。

未来は誰にも分かりません。ですが、あなたがどんな未来を創造したいのかは、あなたが決めて、そこに進んでいくチャレンジはできるわけです。

あなたが今のままでいいと思われるのであれば、それでもよいでしょう。でも、先に忠告しておきますが、これからも過去と同じような問題、失敗が起こる可能性があります。なぜなら、あなたの思考が運命を創っているので、思考が変わらなければ、運命も変わらないのですから。

１００％絶対にうまくいくとは言えませんが、これだけは言えます。何もしないよりは、チャレンジしてみるほうが、可能性は広がるってことです。

たまに勘違いしている人がいます。「私はチャレンジしています！　いろいろな本も読んだし、セミナーも行った、カウンセリングも受けた、ＤＶＤや教材でも勉強しています！」という方です。残念ながら、この人の人生は変わりません。なぜなら、学ぶだけで〝実践〟していないから。もしくは〝実践した気〟でいるから。

チャレンジとは、学ぶことでもなければ、学んだことをちょっと実践してみることでもありません。よいですか？　大事なことなので、しっかりと覚えておいてください。チャレンジとは、【うまくいくまでやり続けること】なんです。

数回実践してみて、うまくいかなかった、この方法はダメだ！　ではないんです。（もちろん、ダメな方法もあるでしょうが）もし、チャレンジすることを選択するのであれば、先ほど紹介した３人の女との対話については、本当に実践してみてください。７日間でよいので。わずか７日間でよいのです。

もう一度聞きます。あなたは今からどこに進みますか？　そのために、今から何をしますか？

道中はいろんな壁が立ちはだかる

これから先、夫婦関係を構築するにしろ、新しい道を選ぶにしろ、道中にはいろいろな壁が立ちはだかるでしょう。これまで話してきた悲劇のヒロイン、井の中のメスガエル、支配する女なども出てくるでしょう。

それ以外にも、自分ではコントロールできないことや、本当に突発的なことだって起こるかもしれません。

でも、大丈夫！

ここで3つの魔法石をプレゼントします。困難という壁が現われたらこの魔法石を使ってみてください。これは夫婦関係だけでなく、子育て、仕事、ご近所……ありとあらゆる場面で使えると思います。

壁が現われたら使う3つの魔法石

Dの石

1．それは誰のせい？

何か問題が起きたときに、人は誰かや何かのせいにしたがります。自分が悪い、あいつが悪い、政治が悪い、景気のせい……などなど。それでもよいでしょう。ただ、それをしたところで、人生はよくなるでしょうか？ 当然ですが、停滞するかもっと悪くなるかのどちらかでしょう。なので、こう考えてみてほしいのです。

・自分が悪い……

自分が悪いとよく思う人は、よくない出来事があると自分を責める傾向があります。よく自分を責める人は、自分に自信がないとか、価値がない、自分が嫌いだと思い込んでいる可能性が高いのです。ようは、自分を支える心の土台がないか、薄いということ。

心の土台は、人から与えられることもありますが、基本的には自分で作らなければいけません。だからこそ、自分が悪いと思ったとき、必ずこの魔法石を使ってほしいのです。それが、「あなたががんばっていたところは１つもないのか？」って質問です。

もう少し簡単に言えば「自分を認めてあげる」ってこと。確かにあなたにも悪いところはあったかもしれない。だけど、がんばっていたところもあったのではないでしょうか？

あなたが悪い＝あなたの存在を全否定してしまいます。だけど、人生の創造主としてもう一度考えてほしいのです。あなたの人生をドラマのように考えたときに……そのドラマの主役（あなた）は、全くがんばっていないのか？　人を傷付けるために、苦しめるために行動したのか？

結果はよくなかったかもしれないが、自分なりに一生懸命だったのではないのか？

まずは、〝がんばっている自分を認めるあげること〟これこそが、自分が悪い！　と思ってしまう人に考えてほしい視点です。

・相手が悪い……

相手が悪いとよく思う人は、よくない出来事があると相手を責める傾向がある。特に相手がミスをしたり、自分の意に反するものだったり、結果が望ましいものではなかったとき、問題が起こった時に、相手を責めやすいかもしれません。それでもよいのですが、残念ながらどれだけ相手を責めても、相手はあなたの思った通りには変わりません。では、どうすれば変わるのか？　それは「相手を認める」ことをすればいいのです。

たとえば、これも先ほどと同じように人生の創造主として、その出来事を見ていきましょう。

Aさんが仕事でミスをして、自分にも損害が被ってしまったとします。このとき、だいたいの人はAさんのせいにしやすく、自分は被害者だ！　とか、大変だった！　なんてことを言ってしまいます。

それでもよいのですが、これでは、自分の人生の創造主ではなく、傍観者になってしまいます。傍観者になれば、自分の人生を好転させることは難しい。なので、ここで考えるのです。

「本当にAさんが100％悪いのか？」

「自分はこのミスを防ぐために、できたことは1つもないのか？」ってことを。

自分は、自分の人生の創造主であると同時に、自分の人生において、関係があること全ての責任を取る人でもあります。どれだけ人のせいにしたところで、自分は被害はこうむるわけです。

もう少し説明するために広い視点で考えてみましょう。

Aさんのミスは、Aさんだけのミスではなく会社全体のミスでもあります。そして、会社のミスは、客先への信頼の低下という結果で返ってきます。会社の信頼が低下すれば、仕事の打ち切りや、業績の低下につながる可能性があります。会社全体の業績が下がったことで、自分の給料が下がったり、リストラされたとしたら、その責任は誰が取るのでしょうか？　Aさんですか？　違いますよね。

もちろん、とばっちりを受けた感じになるので、もやもやするでしょう。ですが、結果的にはすべての責任は自分が取るしかないんです。だからこそ、創造主としての考え方をしなければ、人生は好転しないわけです。

すなわち、Ａさんと自分という分離した考え方ではなく、自分が属する会社の仲間として考えない限り、自分の人生の創造主とは言えないのです。これは夫婦関係も同じ。

夫婦関係が悪いのは、夫のせいだと考えていたとしたら……それでもよいのですが、

「本当に夫が１００％悪いのか？」

「自分はこの関係にならないように、できたことは１つもないのか？」と考えるのです。

たとえ、夫が浮気や不倫をしたとしても、です。浮気や不倫という出来事だけでなく、結婚してからこれまでの夫婦関係において、考えてみてください。

重要なのは、心から愛され、大切にされるような価値がある女性だったかどうか、です。

先ほどのＡさんと同じで、あなたと夫を分離することはできません。いくら夫を責めたところで、その責任は自分が取ることになります。

夫はよりよい家庭を創るための仲間なのです。そう考えない限り、自分の家庭をよりよくすることは難しいでしょう。ここでは、相手が悪い！　と思った時には、「相手を認める」という視点で物事を見直してみてください。

・何かのせい……

何かうまくいかないことがあると、何かのせいにしやすいです。景気が悪い、会社が悪い、運が悪い、これも先ほどと同じように、人生の創造主ではなく、傍観者になっているのはわかりますか？

もちろん、全てが全てよいことしか起こらないわけではありません。自分にとって悪いことも悲しいことも起こるでしょう。しかし、それをどのように受け取るかによって、人生が好転するかどうかも変わっていくのです。これも3人の女と対話することで、改善していきます。

ですが、「何かが悪い」では、人生に変化は起きませんし、再び似たようなことが起こる可能性があります。なので、ぜひ何かが悪いと思った時には、3人の女を思い出してください。

最初にプレゼントする魔法石は、「Dの石」（DARENO SEI）です。ぜひ、誰かのせいにしたときに、使ってみてください。

そして、それは自分の人生を傍観しているのか、創造主なのかを考えてみて、創造主だったとしたら、どうすればよりよくなるだろうか？　と考えてみてください。

Sの石

2．それは真実なの？

これは井の中のメスガエルとも通じるものがありますが、目の前で何が起きたとしても、真実ではありません。たとえば、いつもは嫌味を言わない上司が、嫌味を言ってきたとしましょう。このとき、言葉だけをみると嫌味を言っているだけかもしれません。

ですが、なぜ、その言葉を言うのか？　本当は、上司は何が言いたいのか？　ということを考えると、実はその奥には、あなたのことを考えての発言であったり、会社を思っての発言もあるのです。もちろん、単なる攻撃やストレスによる八つ当たりの場合もあるでしょう。ですが、そこにも背景があります。

たとえば、その上司の家庭がうまくいっていない、何か痛みを抱えている、苦しんで毎日が辛い、という状況かもしれないのです。もし、そういうことを言われて、凹んだとしても今一度考えてほしいのです。

本当にあなたを傷付けるために、嫌味を言ったのか？　何か嫌なことがあったんじゃないか？

そして、余裕があったら聞いてみてください。

「上司の言葉を、○○のように受け取ったんですが、そういうことを言いたかったのでしょうか？　もし違うのなら、本当は何を伝えたかったのでしょうか？」「何かあったんですか？」など。

もちろん、すんなりと聞けないでしょうし、答えてはくれないと思います。ただ、そういう意識を持つだけでも、言葉1つ、行動1つとってみても、受け取り方や感じ方が大きく変わってきますので。

ということで、ここでお渡しする魔法石は、「Sの石」（SHINJITSUHA）です。

「ネガティブな言葉を言われたり、行動されたときには、その裏に隠された真実を想像してみる」ってことです。

Uの石
3．まずは受け入れてみる

これも支配する女に通じるものがありますが、自分の中にある○○すべき、○○すべきではない、というものに対して、誰かがそのルールを破った場合……自分の気分が悪くなります。

たとえば、すごいスピードで走る車を見たときに、あぶないな！　とか非常識だ！　というふうに感じてしまうことがあります。そしてその瞬間、イライラしたり、怖くなったりして、自分の状態が悪くなる場合があります。こういうときこそ、まずは受け入れてみるのです。

僕はよく〝物事はフラット〟だと言っています。どういうことかというと、目の前で起きている出来事には意味がない、ということです。もう少し説明しましょう。

先ほど説明した、「猛スピードで走る車」というのは、出来事としてはそれだけです。

しかし、大半の人は、そこに意味を付けます。猛スピードで走る車＝何かドラッグをしているんじゃないか、頭がおかしいんじゃないか、走り屋のヤンキーなんじゃないか……いろいろと意味を付けます。そして、この意味によって自分の状態が悪くなっていくわけです。

そうなんです。自分が付けた意味で、自分の状態が悪くなっているのです。そして、自分の中で受け入れられない出来事だからこそ、状態が悪くなります。だからこそ……一度受け入れてみるのです。

その出来事に対して、ＯＫを出してみるのです。猛スピードで走る車に対して、ＯＫを出してみる。

「そういうときもあるよね」って感じ。　一度受け入れてから、意味を付けてみるわけです。

そうなると、猛スピードの車に対して、

「もしかしたら、子供が病気で急いでいるのかもしれない」

「妊婦の奥さんを乗せているのかもしれない」

「宝くじが当たって、大喜びしているのかもしれない」

と、自分がスピードを出してしまうようなエピソードを考えたりするんです。

受け入れられないと、受け入れられない理由を考えます。そうすると、受け入れられない理由だから、自分の状態も悪くなりやすい。でも、受け入れると、受け入れられる理由を考えやすくなるんです。受け入れられる理由を考えると、自分の状態は悪くなりにくいってわけです。

ここで覚えてほしいことは、あなたはあなたの思考で、自分の状態を悪くもできるし、よくもできるってことです。

ということで、今回渡す魔法石は、「Ｕの石」（ＵＫＥＩＲＥＲＵ）です。イライラしたり、悲しくなったとき……その出来事を一旦「受け入れてみる」のです。これは、自分がやってしまったことでもいいですし、誰か他の人がやったことでもよいです。ぜひ、お試しあれ！

ということで、ＤＳＵの３つの魔法石をお渡ししますので、ぜひ有効活用してみてくださいね。

今すぐ実践できる20のテクニック

これまでの内容を見て、もしかしたら「一体何をすればいいいんだ……」と思われているかもしれません。ここでは、今すぐ使える20のテクニックについてお伝えします。ただし、これまで話した内容をしっかりと理解したうえで活用してください。

はっきり言って、テクニックをどれだけ使っても、表面の変化なので根本は解決していません。そのため、一時的にはうまくいっているように思っても蓋を開けてみると、全く変わっていないということもありえます。まずは、自身の根本にある〝心〟を変える。そのうえで、テクニックを使うと本当の効果を発揮します。

テクニック１　入り込むべきでない領域を知る

人にはそれぞれ領域というものがあります。それが、自分の領域、相手の領域、神の領域の３つです。もう少し説明しましょう。

１．自分の領域
自分がコントロールできる領域。

２．相手の領域
相手がコントロールできる領域。

３．神の領域
自分一人ではコントロールできない領域。
天気や社会など自分一人ではコントロールできない領域。

そして入り込むべきじゃない領域ってのが存在します。よくやってしまうのが、妻が夫の領域に入ってそこを変えようとする行為です。（逆もあります）たとえば、夫の収入が低いことや夫がお金を渡してくれないことで、困っているのならば、その話はしてもよいでしょう。なぜなら、これは家族に影響があるから。

ですが、仕事の内容にまで口を出すべきではありません。それは、夫の領域です。妻がその領域に入れるのは、相談があったときだけです。相談も何もないのに、土足でズカズカと入っていき、夫の領域を踏み荒らされたら……当然ストレスになります。そして、そのストレスが妻にも向けられるのです。その結果、夫婦喧嘩の原因になってしまうかもしれません。なので、夫に何か意見をするときは、まずは誰の領域なのかを見極めてから伝えましょう。

テクニック２　とにかく最初はアゲるリアクション

これは夫だろうと妻だろうと関係ありませんが、よいリアクションができないと、相手はもっと伝えたいとか、もっとやってあげたいという気持ちが育ちにくいです。

たとえば、相手が何かうまくいった話をしてきたとします。そんなときに、「へぇ～～すごいじゃん」と言われるよりも「えっ！　めっちゃすごいじゃん！！」というふうに相手もアガるようなリアクションを取ると、もっと話してくれますし、仕事や家事の手伝いなども、率先してやってくれるようになります。

理想は、このアゲるリアクションが自然とできるようになればよいのですが、最初は難しいでしょう。なので、最初は、作ってでもよいので、アゲるリアクションをしてみてください。そして、ここからが重要なのですが、そのあとで、夫の反応を観察して、その後、考えてみてほしいのです。

あなたが理想としている夫婦ってどんな関係なのか？　を。アゲるリアクションをしたときの夫の反応を観察してみると……ハマった時には夫は嬉しそうにすると思います。そして、その嬉しそうな夫を見て、あなたもよい気分になると思います。すなわち、あなたがアゲるリアクションをすれば、相手は喜んでくれて、自分も嬉しくなるということ。

なんで夫のためにそんなことをしなければいけないんだ、と言う人がいるのですが、それは違うのです。これは、あなたのためにやることなのです。

あなたが理想としている夫婦というのは、あなたが笑っていて、夫は苦しんでいる家庭でしょうか？　多分違いますよね。あなたが笑って、夫も笑って、子供も笑っている家庭なのではないでしょうか？　であれば、先ほど話した循環はまさに、みんなが笑う循環だと思いませんか？　あなたがアゲるリアクションをする↓夫は喜ぶ↓喜んだ夫を見てあなたも嬉しくなる。もちろん、どちらからアゲるリアクションをするのかはわかりません。ですが、結局は自分の人生をよりよくするためなんだから、自分からすればいいと思うのです。

夫がしてくれるのを待つという選択でもよいですが、あと何年待つことになるのかわかりません。

テクニック３　相手の可能性だけは信じよう

夫婦関係がよい妻は夫の可能性を信じています。この人には無限の可能性があるということを信じているのです。だから、夫がやってみたいこと、やりたくないことを認めることができます。

しかし、関係が悪い妻は可能性を信じていません。だから、夫のやろうとすることに対してケチをつけるのです。転職や副業、チャレンジ、がんばろうと思っていることに対して、否定から入るのです。

もちろん、今の安定が失われるかもしれないから、不安に思うでしょう。でもチャレンジを応援する妻、チャレンジを否定し、それをさせようとしない妻、どちらが愛されるでしょうか？　そして、どちらの夫が毎日を充実して過ごしているでしょうか？

ただし、チャレンジをすべてＯＫすればいいのかというとそうではありません。井の中のメスガエルでも話した、相手の背景（そこに至った思い）をまずは理解しようとしてください。それをしないと、副業や転職という出来事に囚われてしまいます。

もしかしたら、あなたのことや家族のことを一生懸命考えて出したアイデアかもしれないわけです。相手の可能性を信じ、背景を理解でき、納得できるのであれば、徹底的に応援してみてください。逆に納得いかなければ、対話が必要になるでしょう。

ただ、転職や副業をやめさせることではなく、よりよくなるように対話するのです。ただ単にやめさせようとすると、相手は否定や拒絶をされたと感じ、あなたに何も話さなくなっていくでしょう。

テクニック４　とにかく聞いて凄いところを見出そう

夫の話をスルーしたり、いかにも興味なさげに聞く妻が多いと思います。確かに、聞きたくないときもあるでしょうし、疲れているときもあるでしょう。けれども、あなたが夫にそういう態度をとられたとしたら……どのように感じるでしょうか？

まずは、夫を知るために話を聞くのです。夫のことがわからないと夫を喜ばすことも、助けることもできません。なので、今どういう状況なのか、どんな人たちに囲まれ、どんな関係なのかを知ろうとすることが非常に大事です。

夫婦関係が悪い人たちは、10年一緒にいてもそういうことを知りません。

「夫が話してくれない」「夫と話したくない」「興味がない」

そういう声も聞こえてきそうですが……もし夫婦関係を良好なものにしたいのであれば、相手を知ろうとしてください。

話を聞くことができれば、そこから夫の優れている点や、尊敬できる点を探し出し、きちんと感じたことを言葉に出してあげてください。あげまんと言われる妻はここができています。

一番近い人から認められると、自分に自信ができます。当然ですが、信頼関係もできます。自信が出れば力を発揮できますし、信頼関係が築ければあなたの話も真摯に聞いてくれます。

まずは話を聞き、そこから優れている点、すばらしい点を見つけ、どんどん伝えてあげてください。それこそが夫に自信を持たせ、出世させ、信頼してもらい、良好な夫婦関係を作る……一石二鳥にも三鳥にもなるわけです。

テクニック５　暴走夫の抑止法

夫がキレたときに、恐怖を感じてビビッて声が出せなくなる……または、縮こまりながらも言い合ったりしていませんか？　これって実は、いじめっ子といじめられっ子の縮図と同じなんです。

相手は威嚇し、もう一方が恐怖する。相手は何も言ってこないとわかったら、さらに畳みかける。相手が反発してきたら、さらに強烈に威嚇する……ようはこのやり取りが起きている可能性が高いです。

女性がヒスを起こして、夫が恐怖するっていう逆もありますよね。ではこういうときにどんな対応をすればいいのか？　それが、「ズラし」というテクニックです。怒りに対して、恐怖や更なる怒りで返すのではなく、笑いで返す。

たとえば、これは実話ですが、うちの妻がイライラしているときに、僕は子供たちに「ママがベーコン焼いてるぞ！」って言いました。すると妻は、最初イライラしているんですが「？・？・？」という顔で僕を見てきます。

「焼いてないけど」とさらにイラッとしています。そんなときに、ほら「カリカリ、カリカリしてる！焦げたベーコンだ！」と言ったときに、笑いに変わるんです。

これはアンタッチャブルさんのコントで使われていたネタですが、我が家で使わせてもらっています。そこから、妻もこのネタを言い始めました。自分がイライラし始めたら、「ママベーコン焼いちゃうよ！」って、笑いながら。

何が言いたいのかって言うと、相手のペースに巻き込まれないってことです。相手が暴走したら、そこに影響を受けるんじゃなくて、全く違うアプローチをすると、全く違った結果になります。

テクニック６　感謝をするのではなく感謝の気持ちを育もう

これもすでに話しましたが、感謝をしましょうっていうと、「あー、ありがとう、助かります。感謝してます」って言えばいいんでしょ？　と思われる方がいます。全然違います。そうではなく、言葉よりも感謝の気持ちが重要なんです。もう一度言いますが、言葉なんてどうでもよい。それよりも、相手への感謝の気持ちを育むことが大切なんです。気持ちを育めば、言葉なんて自然と出てきます。

ここでは感謝の気持ちを育むトレーニングを紹介します。

１．相手のおかげでできていることを書きだしてみよう

実際にお給料の金額を書いて、それを何に使っているのか、書いてみてください。人間は一度具体的にしないとありがたみを実感しにくいです。そして、実感しなければ、感謝の気持ちは生まれません。

２．それがいきなりなくなったとして想像してみよう

給料がいきなり０円になったことを想像してみましょう。しかも、もうずうぅぅぅぅっと０円です。

それを想像してみてください。そして、もし夫がいなくなったとしたら……あなたの家族が、家族として成立するかどうかを想像してみてください。

3. 相手に対する感謝を具体的に書いてみよう

実感し、想像したら、夫に感謝の言葉を具体的に詳しく伝えてみましょう。

「いつも、嫌な仕事や人間関係もある中、家族のために一生懸命がんばってくれてありがとう」というように、具体的に言えばいうほど、相手には伝わりやすくなります。

逆に、「いつもありがとう」という広い言葉で言われても伝わりにくいです。（※言わないよりは全然いいです。）

また、夫にかける言葉としては、あなたのおかげで家族は幸せに過ごせているよってことを、何度も気が付いたら伝えてあげましょう。

テクニック7　自分のできるコトを自分で楽しむ

毎日イライラしている妻は自分のやりたいことよりも、やらなければならないことに時間を使っています。たとえば掃除、洗濯、料理……もちろん家事はしなければいけないかもしれません。ただ、自分の人生を楽しんでいる人は、よい具合に手を抜いています。ようは自分の時間を確保できるように、家事をこなしているんです。

食事であれば、１日のうちに一週間分の献立を考え、材料を買う。しかも、味は違うけど、似たような食材を使ったりします。料理が苦手なら、メニューが決まっていて、食材だけが届く宅配系のものを利用していたり、今日はしんどいなぁ～と思ったら出来合いのものを買ってきたり……よい具合に手を抜いています。

家事を完璧にこなさないといけないと思って、料理に手を抜けなかったり、１日に掃除を何回もしたりして、自分の時間を自分でなくして、その結果、毎日イライラしている人は、自分に余裕がありません。そして、それを子供や夫のせいにします。

「私は仕事をしていて大変なんです！」という方もいらっしゃいます。そうであれば、なおさら手を抜く工夫が必要になる。

これも「支配する女」で話した、〇〇しなければならない、〇〇はしてはならないという考え方が根底にあるかもしれません。食事は手づくりじゃないと！　出来合いのものは買ってはいけない！カップラーメンは食べさせてはいけない……ダメダメダメが続くと、自分がどれだけしんどくても、料理をしっかりと作ります。

もちろん、手料理は大変すばらしいですし、がんばっていると思います。でも家族は、おいしい手料理よりもあなたの笑顔の方がご馳走なんです。手を抜いた出来合いの料理だとしても、あなたが笑って、家族が笑って過ごせる時間の方が、圧倒的に価値が高いと思いませんか？

もっと楽をしていいんです。楽をして手を抜いて、自分に余裕ができれば、イライラも減ります。まずは自分を労わり、大切にしてあげてください。それができれば夫も子供も労わり、大切にできますので。

テクニック８　いい部分に目を向けてみる

これは悲劇のヒロインの話と似たような話になります。

ようは夫のよいところ、夫と一緒にいることで、あなたが得られるものを探してみるのです。この「得られるもの」は、決してお金などの物質的なものだけではありません。

優しさ、気遣い、頼れる、寂しくない、癒される……このような精神的な部分もたくさんあると思います。他には、自分のためにかけてくれた労力や、時間などもあるでしょう。こういうところに気付けるかどうかが、すごく大事になります。

付き合った当初やラブラブだったころは、こういうところに気付いていたと思います。そして、ありがたいところや優しさ、気遣いに感謝できていたのではないでしょうか？　それだけでなく、相手のために何かしてあげたい、喜ばせたい、何かの助けになりたいと思っていたこともあったのではないでしょうか？

この状態だからこそ、関係を構築していく循環ができ上がるわけです。でも、今は逆の循環が起こっている。だから関係が少しずつ壊れてしまったのだと思います。

旦那さんのよい部分に目を向けろと言われてもすぐには思いつかないときは、ちょっと極端かもしれませんが、こう考えてみてください。

明日、旦那さんがこの世からいなくなるとしたら……

明日、自分がこの世からいなくなるとしたら……

この二つを想像して、夫がいてくれたからこそ、助かった部分、ありがたかった部分などを探してみてください。自分がこの世からいなくなるとしたら、本当に今のままでいいのか？　を考えてみてください。

テクニック9　ありきたりの日常を輝かせる

日常がつまらないものになっていませんか？　ありきたりな日常を繰り返し、輝きがないかもしれません。ですが、それはどうしてでしょうか？　なぜ、つまらない、ありきたりな日常なのでしょう？

それは、夫のせいなのでしょうか？　それとも今いる環境のせい？　社会のせい？

これまで読んでいるあなたなら、ここで言いたいことはわかると思いますが……あなたは、あなたの人生の創造主です。ということは、誰かや何かのせいにしていても、人生はつまらない、ありきたりな日常を繰り返してしまうわけです。

では、どうやって日々を輝かせればいいのか？

〇〇しなければならないを減らし、〇〇したいを増やすのです。ここで一度想像してみてください。

毎日、〇〇しなければならないで時間が取られる人生か、〇〇したいを考えながら行動している人生か、どちらが、あなたの人生は彩られているでしょうか？

テクニック10　本当の素直なあなたになる

素直とは一体なんでしょうか？　素直には2つあると思っています。1つは、素直に受け取る。もう1つは、素直に伝える。これがすごく重要だと思っています。もう少し詳しくお話ししていきましょう。

素直に受け取る

まず受け取り方が重要になってきます。夫婦関係が悪い人たちは、素直に受け取れません。たとえば、夫が家事や育児を手伝っても素直に受け取れず、「私だってやってるんだから……」と感じてしまう方が多いです。

他にも、プレゼントや何かをしてくれたことに対して、「今さら！」と感じ、素直に受け取りません。こうなると、素直に感謝ができません。それどころか、嫌な顔をしたり、嫌味を言ったりしてしまう。そうなると、相手はだんだん「やってあげたい」「助けたい」という気持ちがなくなっていく。当然ですよね。やってあげたい、助けたいという気持ちで動いて、嫌な顔をされたり、嫌味を言われたりするんですから。

もちろん、過去にいろいろとあったのかもしれません。だから、素直に受け取れないんだという声もあるでしょう。しかし、今現在やってくれたこと、あなたに対する優しさや気遣いは、今のあなただけに向けられたものです。そこを受け取らずに、嫌味を言えばどのようになるでしょうか？

この積み重ねが、さらに関係の破綻を加速させるわけです。だからこそ、まずは素直に受け取ることが重要になっていくのです。

素直に伝える

そして、次に素直に伝えることが重要になります。だいたいの方が、この〝伝え方〟がものすごく下手です。

たとえば、「少しぐらい家事を手伝ってよ！」と言ったとします。あなたも言ったことがあるかもしれませんね。

でも、夫がイヤイヤ手伝ったり、ため息をつきながら手伝ったりされるのって、嫌じゃないですか？

そしてその態度に、さらに腹を立てて嫌味を言ったり、それならやらなくていい！　と言って喧嘩になったり……こんなことが起きていませんか？

よく考えてほしいのですが、夫からすれば、あなたが言った通り家事を手伝っているのに、嫌味や文句を言われるわけです。これでは、コミュニケーションの不和が起きて当然ですよね。

どうすればよいのかというと、まずは、あなたが言いたいことを自分で理解する必要があります。

夫が家事を手伝えばよいのではなく、あなたの隣で、笑顔で話しかけてくれたり、ねぎらいの言葉や感謝の言葉を伝えてくれたり、認めてくれたり……そういう言葉や態度がほしいのではないでしょうか？

もちろん、家事を手伝ってもらえればうれしいかもしれません。ですが、それよりも、寂しい、辛い、苦しいを知ってほしいのではありませんか？　そして、それがわかったうえで助けてほしいのではないでしょうか？　まずは、これを言わないと相手には１００％伝わりません。

たとえば、「今日、○○があってすごく疲れちゃったのね、だから助けてもらえると嬉しいな」と言う。

もちろん、これでも相手にきちんと伝わるかどうかはわかりませんが、「少しぐらい手伝ってよ！

私ばっかりじゃん！」よりは、相手に伝わるような気はしませんか？

なので、自分は何を伝えたいのか？　を意識してから伝えてみましょう。

テクニック11　2つの頼るをマスターする

女性によっては、頼ることをしない方が結構います。「自立」という言葉が好きな方です。（これは男性にもいますし、昔の僕もそうでした）

自立という言葉は「自分で立つ」という意味で、すばらしい言葉にも思えますが、実は「自立、自立」言っている人って、相手に感謝できていない場合が多いです。なので、頼ることもできません。頼ることができずに、自立、自立と言っているわけです。これだと、どんなことが起こると思いますか？

そう、お互いが頼らずに、自分のことしかしなくなる可能性が高いのです。

2人きりの生活ならまだいいでしょう。しかし、妊娠したり、子供が産まれたらそんなことは言っておられません。ですが、自立、自立と言っている人は妊娠していようが、子供が産まれようが相手に頼れません。

頼れないってことは、助けてもらいにくいです。ですが、大半の妻は「それぐらい言わないでも気付いてよ！」と思っていたり、実際に相手に言ってしまいます。

ただ、夫からすれば、ハッキリって、んなこたぁ～わかりません。逆に聞きたいんですが、その妻が夫のことをどれだけわかっているのでしょうか？

わかっています！　と言うのであれば、夫婦関係はめちゃくちゃいいはずです。でも、わかっていません！　というのであれば、その通りで、きちんと伝えないと相手には伝わらないのです。

どうすればよいのでしょうか？　２つの頼るをマスターすればよいんです。

２つの頼るとは、

①やることの頼る②心の頼る――の２つです。

もう少し詳しく説明しましょう。

やることの頼る

これは言葉のごとく、お茶を取ってほしいとか、パソコンの設定をしてほしいという、頼るです。

心の頼る

これが大半の方はできていません。寂しいから抱きしめてほしい、がんばったから褒めてほしい、という言葉です。ほとんどの方が、寂しくてもそれを口に出さずに、気付かない夫にイラついたり、褒めて欲しくても、その言葉ではなく、「何で気付いてくれないの？」なんて、相手を責める言葉になってしまう。これもコミュニケーションの不和を生んでしまう原因にもなります。

自立もよいのですが、せっかく結婚したんですから、お互いが頼り合い、助け合うこともすばらしいことではないでしょうか。

テクニック12　あなたのお陰で幸せだ大作戦

本書の冒頭で、愛される妻は、夫が「幸せにしていると感じる」ことだとお伝えしました。まさにこれを言葉で伝えるのです。

ただ、何もないときに伝えても、相手には伝わりにくいので、何か嬉しいことがあったり、心が温かくなったり、感謝したいなぁ〜と思ったときとかに、セットでこの言葉を言うわけです。

「あなたのお蔭で幸せな毎日を過ごせているよ！」ってな感じで。やはり、思いは言葉で伝えないと相手には伝わりません。恥ずかしいかもしれないし、照れくさいかもしれませんが、どんどん言葉に出して、幸せにしていると感じさせましょう。

その言葉や態度が、日頃の疲れを取り除いてくれ、日々に活力を与え、前を向くエネルギーになるわけです。

当然ですが、逆にあなたの言葉や態度で、相手のやる気を削ぎ、前を向くエネルギーを奪い、毎日を辛くさせることだって可能なのです。

テクニック13　ついでに頼んで更にあなたのお陰大作戦

これも先ほどと似たようなことですが、こちらは自分からお願いをします。たとえば、ゴミ出しや風呂掃除など、何か相手がやってくれそうなことを頼みます。そして、やってくれた後に、

「いつもは言葉に出してないけど、すっごく助かってるんだよ」

「あなたがお仕事をがんばってるおかげで、私は幸せにしてもらってる」

「本当にありがとね」

という感じで、やってくれたことに対してついでに、心からの感謝を言うのです。そうなれば、相手は頼まれても嫌な気分にはなりませんし、「幸せにできてる」と感じやすくなります。あなたにとっては、家事の負担が減るにも関わらず、相手は喜んでやってくれるわけです。

ただし、お願いするときは、可愛らしくいってみましょう。「やって当然」「それぐらいやってよね！」という意識では、相手はイヤイヤやることになりかねません。そして、その姿を見たあなたは、「私がどれだけ大変かわかってるの！」なんて言ってしまい、夫婦喧嘩に……。

ですので、ぜひ「可愛く」お願いしてみましょう。これこそが、男をコントロールする極意です。

テクニック14　一緒にいる時間を笑顔で過ごす

よく作り笑顔は意味がないとか、がまんして笑顔をしても、自分がしんどいだけ……なんて書かれていることがあります。それもそうかもしれません。ですが、1つだけ考えてみてほしいのです。無表情やイライラしているあなたと、無理やりにでも笑顔のあなた……。どちらのあなたが、理想の自分に近いでしょうか？

そして、もう1つ想像してみてほしいのです。無表情やイライラしたあなたと接するお子さんや旦那さん。笑顔のあなたと接するお子さんや旦那さん……。

どちらが、よい関係になりそうですか？　これは本当に大事なことですが、やるかやらないかはあなたが選べます。そして、それをしたときのあなたと、しないときのあなたなら、どちらの自分が理想の人生を歩んでいそうかも想像してほしいのです。

これはお子さんや旦那さんのためにするのではなく、あなたが自分の人生を理想的に過ごすためにするのです。

自分のためであることを、絶対に忘れないでください。

テクニック15　気持ちと手段をわけて考える

多くの方は、気持ちと手段を一緒に考えて、物事を判断します。たとえば、夫が浮気や不倫をしたとしたら、「裏切られた！　許せない！」「一体私の何が悪かったのか」「子供に示しがつかない！」などと考えてしまいがちです。出来事に囚われて、相手を責めるか、自分を責めてしまうのです。しかし、ここで重要なのが、まずは気持ちと手段を分けて考えることなんです。もう少し説明しましょう。

確かに浮気、不倫はやってはいけないことです。ですが、その事実をどれだけ並べ立てても、夫はやめません。（やめても表面だけか、再び繰り返す可能性があります）なぜなら、夫が「やめたい！」と思ってやめたわけではないからです。

ハッキリ言いますが、浮気や不倫の根本解決は、夫が浮気や不倫をしたいと思わせないようなあなたになることなんです。探偵を雇い、夫を脅したり、怒り狂ったり、泣いて懇願したり、夫や自分の両親に話したり……こういうことをしたら、浮気や不倫は一時的に解決するかもしれません。ですが、強制的に変えようとすればするほど、当然ですが夫にストレスを与えることになります。

ストレスを与える相手と一緒にいたいと思うでしょうか？　この人を幸せにしたい！　と心から思ってもらえるでしょうか？　残念ながら、夫は浮気相手に本気になるか、あなたのことがさらに嫌になる可能性の方が高いです。

ちなみに、運よく浮気をやめてやり直したいと夫が思っていたとしましょう。ですが、あなたの中に疑いの気持ちが消えてなければ、それを理由に再び相手を責めたり、自分を責めたりしてしまうかもしれません。

これが続くと……夫はやり直したいという気持ちがどんどんなくなっていき、再び浮気をするか、夫婦関係はより壊れていってしまいます。では、一体どうすればよいのか？

夫はなぜ浮気や不倫をしたのか？　ここを知ろうとする必要があります。

きついことを言うかもしれませんが、「浮気や不倫をしたのは、2人の関係が原因である可能性が高いです」

よいですか？　浮気や不倫をしたのは、夫かもしれません。ですが、そもそもそれ以前に、夫婦関係は良好だったのでしょうか？　夫の悩みや苦しみ、辛さや不満などは理解していたでしょうか？

家庭は夫にとって居心地のよい場所だったでしょうか？

それとも、いつも嫌味やイライラをぶつけられる痛い場所だったのでしょうか？　夫が仕事をがんばっても、妻は感謝ひとつせず、いつも足りない足りないと言っている……。

そんなときに……夫を癒し、優しくし、大切にしてくれ、認めてくれる人が現われたとしたら……当然ですが、その人に魅力を感じるでしょう。そうして浮気や不倫に発展してしまうわけです。

確かに浮気や不倫は悪いことでしょう。ただ、何度も言いますが、そのことをどれだけ伝えたところで、相手には届きにくい。

だからこそ、まずは浮気や不倫という夫の手段に注目するのではなく、そこに至った思いを理解しようとすることが重要なのです。夫も辛かった、苦しかった、癒して欲しかった、大切にして欲しかった……あなたと同じようにしんどい日々を送っていたかもしれないのです。すごく大切なことなので、覚えておいてください。手段と思いは分けて考えてみてください。

テクニック16　一緒に何かをやって達成してみる

あなたと夫には共通の目標または目的はありますか？　たとえば、どんな家庭を築くのか？　を共有していますか？　または、簡単なことでもよいのですが、部屋の掃除でも、料理でもなんでもいいです。

２人で目標を持って進んでいくと、喧嘩がすごく少なくなります。目標を達成するために……という思考が働くため、目の前の出来事に囚われにくくなるのです。

まぁ、これはいろいろと試してみてもらえればいいのですが、やはり一番大切なのは、あなたと夫が目指す理想の家庭ですね。ここを共有しておかないと、夫婦喧嘩が起きたときに仲直りが難しかったり、建設的な対話ができなかったりします。

目的を立てる時に大切なのが、まずは抽象度を高めること。これがすごく大事。

たとえば、「子供たちに夜は6時に帰ってくること！」なんてルールを設けるよりも、「家族を大切にし合うこと」という目的を持った方がよいです。なぜなら、子供たちが理解できるルールを示してあげる必要があるからです。夜6時に帰ってくること！　では理由がわかりません。

たとえば、食事を一緒に取るとか、心配するとか、いろいろな理由があるかもしれません。ですが、6時に帰ってこないと、「どうして約束をやぶったの！」という言葉をいいかねません。

「家族を大切にし合うこと」だと、「あなたのことがすごく大切だから、夜6時ぐらいには帰ってきてほしいの。それ以降だとすごく心配してしまう。事故とかにあったんじゃないかって、そんなことがあったら悲しすぎるから」なんて言葉をかけることができます。（うちはそうです）

そして、ここで考えてほしいのですが、あなたなら、どちらの言葉を言われた方が、夜6時に帰りたいと思いますか？　と……少し話がそれましたが、抽象度を高めた目的を考え、共有することが重要だと思っています。

ちなみに、我が家の目的は「笑顔が絶えない家庭」です。これがよいかどうかはわかりません。違うと思ったら途中で変えてもいいですが、まずはしっかりと話し合うことが重要になってきます。

テクニック17　たまには夫を放置する

夫が携帯ばかりいじってムカつく！　こういう声を、これまでたくさんの方から聞きます。確かに、一緒の時間を共有していない感じがして、嫌な気分になるでしょう。
ただ、残念ながらあなたがどれだけ怒ろうが、悲しもうが、一時的には止めるかもしれませんが、再びやりはじめたり、隠れてやるようになるでしょう。なぜなら、相手が「やりたい」という気持ちを阻止しようとするからです。では思う存分スマホをいじらせればいいのか？　そうではありません。アプローチの仕方が問題なのです。
スマホいじりをやらせる or 止めさせる
というどちらかのアプローチをしてしまいがちですが、それ以外にもいろいろと選択があることに気付いてください。たとえば、家事が忙しいときにスマホをいじられてイライラするのであれば、家事は後回しで、自分も楽しめることをしてみる。

もしゲームをやっているのであれば、ゲームはやってもよいけど、子供が寝てからしてほしいと伝えてみる。ゲーム自体に興味を持ってみる。これは非常におもしろいんですが、スマホいじりはイライラするけど、勉強や読書、仕事ならそんなにイライラしないという方が多くいます。

ですが、結局は話を聞かないし、一緒の時間も共有していません。なぜ、同じ結果なのに、「何をやっているのか」で自分の状態が悪くなるのか……これこそが、3人の女の仕業なんです。

もしかしたら、スマホをいじることでストレス解消になり、仕事によい影響をあたえるかもしれないし、家庭内で笑顔が増えるかもしれない……夫にとってどんなメリットがあるのかわからないのに、「スマホをいじる」という行為そのものにイライラしてしまうのです。

さぁ、このときあなたは何を感じ、どう思って、イライラしてしまうのでしょうか？

もし関係がよいのであれば、夫のやることを放置して、あなたはあなたで楽しむ環境を作ってみましょう。

関係が悪いのであれば、スマホうんぬんよりも、関係性をよりよくすることに力を入れることをおススメします。

テクニック18　可愛く怒ってみる

あなたは怒ったときに、どんな怒り方をしますか？　たぶん、感情的になって怒ってしまうかもしれませんね。

感情的に怒ってもよいと思います。ただ、残念ながら感情的になっても相手には伝わりませんし、自分も引きずってしまいます。なので、怒り方を工夫すると、相手にも伝わるし、自分も引きずりません。

だからこそ、「可愛く怒る」というスキルをマスターしてみてください。ようは、怒りを感じたときに、どう表現するのか？　を意識するわけです。

これはすごく重要なんですが、「怒り→表現」だと、刺激に対して即反応している状態です。これだと、相手からすれば、怒られていると思うだけで、一体何をどうしたらよいのかが、いまいちわからないわけです。

たとえば、「少しぐらい家事を手伝ってよ！」と怒り狂ったとします。これは夫からすれば、「家事を手伝ってほしい」というふうに伝わります。ですが、これだと「家事を手伝ってあげたい」ではなく、「家事を手伝わなければならない」という心理になりやすい。

そうなると、家事は手伝ってくれるけど「イヤイヤ」だったり、「ふてくされて」やる可能性があります。「お前が言うから手伝ってるんだよ！」って状態です。で、このイヤイヤやっている感じやふてくされてやっている場面を見て、さらにイライラしてしまう……。

夫からすれば、「家事手伝えって言われたからやっているのに、なんでイライラされなきゃいけないんだよ！」になるわけです。あなたが言った通りの行動をしているのに、イライラされる……夫からすれば、あなたが何を言いたいのかわからないわけです。

あなたは本当はそんなことが伝えたいんじゃないですよね。家事を手伝ってほしいんじゃなくて、「私を助けてほしい」んだと思います。これを伝える必要があるのです。何度も言いますが、感情的になってはうまく伝わりません。だからこそ、怒りのまま行動するのではなく、可愛く怒ってみるのです。

ただ可愛く怒るんじゃなくて、伝えたいことを伝えるってこと。

「すこしぐらい家事手伝ってよ！」じゃなくて、「助けてくれると嬉しいなハート」みたいな感じ。同じことを言っているのに、相手の心に届く印象は、大きく変わるわけです。これをぜひ意識してみてください。

テクニック19　怒りを出した後は素直に謝る

人間は怒ります。これは当たり前のことです。ただし、その後が本当に肝心なんです。だいたいの方は、怒ったあと、そのまま放置です。ですが、放置してしまうと心の中に〝しこり〟を作ってしまいます。しこりというのは、あなたの「怒り」に対する、「理由」を夫が勝手に作ってしまうんです。たとえば、「少しぐらい家事やって！」「俺だってやってるだろ！」というような言い合いが起きたとしたら……夫は、「結局自分のことばかりだ」「俺が仕事で大変な思いもわかろうとしてくれない」「いろいろ手伝ってきたのに、全否定されているようだ」……などなど、妻が怒った理由を決めつけてしまう。

そして、いつの間にか「言ってもわかってくれない」「どうせ話しても怒るだろう」「こんな話をしたら、また怒られるかもしれない」という〝しこり〟が心の中に芽生えてしまい、話さなくなったり、距離を置いてしまう可能性が高い。だからこそ、怒った後でもよいので、きちんと自分の思いを伝えることが必須になるのです。

ただし、もし怒ったとしたら、感情的になって暴言を吐いたり、怖い思いをさせて夫を傷付けている可能性があります。なので、まずはそのことを謝るのです。

本来は、暴言を吐く必要も、怖い思いをさせる必要もないのですから、大切な人を傷付けたことに対して、謝ることが大切です。そして、その後で自分の思いを話すのです。

たとえば、「いろいろなことが重なってしんどくなってしまった。疲れても休めない、助けてほしいって言葉が、あなたを傷付ける言葉になってしまった」という感じですね。

この本でも話しているように、夫はあなたを責めたいわけでもないし、傷付けたいわけでもありません。そうではなく、苦しいこと、しんどいことを知ってほしいわけです。その上で、もっと自分に意識を向けてほしい、助けてほしいと思っているのです。怒ってしまった後でよいので、謝り、自分の思いを伝え、相手の思いも聞く。ぜひ、このような対応を心がけてみてください。

テクニック20 愚痴だけでなく、喜びや楽しみも共有する！

女性の特徴の1つに「愚痴」を言いまくる、というものがあると思います。これはストレス解消にもなるので、大変すばらしいのですが、「それだけ」を夫に言い続けると、夫がストレスを抱える可能性があります。

「愚痴」を共感できれば、お互いのストレス解消にもなるかもしれません。しかし、相手がよくわからない話、理解できないこと（体感していない出来事）に対しての愚痴は、嫌な話を聞かされているだけ。「それだけ」では、だんだんと愚痴を聞きたくなくなっていきます。というよりも、苦痛になっていきます。なので、喜びや楽しみも共有する必要があります。ここではっきりと言いたいことがあります。

それが、夫は「あなたが楽しんでいる姿を見たい」のです。あなたが「苦しんでいる姿、怒りを抱えている姿」を〝見たい〟わけではありません。もう1度言いますが、夫が〝見たい〟のは、あなたが楽しんでいる姿。だからこそ、ぜひ今日あった楽しかった話や嬉しかった話をどんどん共有してあげてください。

あなたも大切な人が楽しんでいる姿を見ると、自分も楽しくなってきませんか？　感情は伝搬します。ぜひ覚えておいてください。

最後に……とっておきのプレゼント！

〜あなたが幸せにしてもらう？　それともする？　〜

さぁ、最後になりましたが、いかがでしたでしょうか？　僕の表現が稚拙でうまく伝わっていない場合もあると思いますが……まぁ、それはそれでしょうがない。お許しください。

この本で僕が言いたいのは……あなたは一生懸命がんばってきた！　でも、夫婦関係が悪い場合、がんばる方向が少しズレているかもしれない。そして、夫も夫なりにがんばっているってことです。ですが、それがお互い見えなくなってしまっているわけです。だから、見えるようにしようぜ！　って話なんです。あなたは悪くない！　と同時に夫も悪くない！　人間同士がわかりあうプロセスが間違っていただけなんです。

今からでも遅くありません。人生あと何十年あるかわかりませんが、せっかくの1度きりの人生です。自分の人生の創造主として、もっとあがいて、よい感情も汚い感情も感じて、目の前のことに全力で取り組んでみてください。必ず、あなたの人生とあなたの周りの人の人生は、キラキラと輝くものになりますから！　心から応援しています！

ここで僕からとっておきのプレゼントがあります。この本で書ききれなかったことをレポートとしてプレゼントしたいと思っています。ぜひ、僕のブログである「夫婦道」（http://jyosui.com）からメルマガに登録してみてください。最初の１通目でレポートをプレゼントしています。もし、１、２通読んでちょっと違うかな？　と思ったらすぐに解除できますのでご安心くださいね。

【プレゼントの受け取り方】

レポートを受け取るには、http://jyosui.com にアクセスして、何かしら記事を1つだけ開いてみてください。

その記事の一番下からメルマガに登録ができます。メルマガに登録してからすぐに1通目のメールが届きます。その中でレポートをプレゼントしています。

また、メルマガでは、ここでは書ききれなかった浮気、不倫を改善するための音声をプレゼントしていたり、問題（浮気、不倫、別居、離婚、借金、ＤＶなど）が起こる原理原則を解説したレポートもプレゼントしていますので、ぜひじっくりと読んでみてください。

他にも、子供との関係改善や仕事の人間関係、自身の親との関係など、ありとあらゆる人間関係の悩みを乗り越えるヒントが盛りだくさんになっています。メルマガの中では、有料の教材も紹介していますが、ご自身にとって必要だと思う場合のみ参加してみてください。

あなたがパートナーだけでなく、すべての人間関係に対する悩みを乗り越え、幸せな日々を過ごされることを心から応援しています！

夫婦道 がんばらない幸せ
ー夫婦関係改善マニュアル　夫編 & 妻編ー

著　者　ザビエル
発行日　2017 年 9 月 7 日　第 2 刷　2019 年 9 月 17 日
発行者　高橋 範夫
発行所　青山ライフ出版株式会社
〒 108-0014 東京都港区芝 5-13-11 第 2 二葉ビル 401
TEL　03-6683-8252　FAX　03-6683-8270
http://aoyamalife.co.jp　info@aoyamalife.co.jp

発売元　株式会社星雲社
〒 112-0005 東京都文京区水道 1-3-30
TEL　03-3868-3275　FAX　03-3868-6588

装　幀　溝上 なおこ

ISBN978-4-434-23073-8